人工智能对就业与收入分配的影响

The Impact of
Artificial Intelligence on Employment
and Income Distribution

惠炜 著

中国社会科学出版社

图书在版编目（CIP）数据

人工智能对就业与收入分配的影响 / 惠炜著. — 北京：中国社会科学出版社，2025.5. -- ISBN 978-7-5227-4905-1

Ⅰ. D669.2-39；F124.7-39

中国国家版本馆 CIP 数据核字第 2025NL8660 号

出 版 人	赵剑英
责任编辑	周　佳
责任校对	胡新芳
责任印制	李寡寡

出　　版	中国社会科学出版社
社　　址	北京鼓楼西大街甲 158 号
邮　　编	100720
网　　址	http://www.csspw.cn
发 行 部	010－84083685
门 市 部	010－84029450
经　　销	新华书店及其他书店
印　　刷	北京君升印刷有限公司
装　　订	廊坊市广阳区广增装订厂
版　　次	2025 年 5 月第 1 版
印　　次	2025 年 5 月第 1 次印刷
开　　本	710×1000　1/16
印　　张	13.25
插　　页	2
字　　数	205 千字
定　　价	68.00 元

凡购买中国社会科学出版社图书，如有质量问题请与本社营销中心联系调换
电话：010－84083683
版权所有　侵权必究

前　言

人工智能是新一轮产业革命的核心驱动力，是中国未来重要的经济增长新引擎。近年来，互联网、大数据、云计算、人工智能、区块链等新一轮科学技术的飞速发展，已经对中国经济社会发展的各领域全过程产生了深远影响，尤其是党的十八大以来，网络强国战略与国家大数据战略的实施，极大地推动了人工智能的发展。目前，中国已经实现了第一个百年奋斗目标，正处于迈向第二个百年奋斗目标的重要历史交汇期，习近平总书记在党的十九大报告中指出要"推动互联网、大数据、人工智能和实体经济深度融合，在中高端消费、创新引领、绿色低碳、共享经济、现代供应链、人力资本服务等领域培育新增长点、形成新动能"，在党的二十大报告中明确指出要"推动战略性新兴产业融合集群发展，构建新一代信息技术、人工智能、生物技术、新能源、新材料、高端装备、绿色环保等一批新的增长引擎"，同时还要"提高劳动报酬在初次分配中的比重"，不断实现人民对美好生活的向往。

当前，人工智能已广泛应用于工业机器人、语音识别、搜索引擎、计算机软件等领域，不仅有效推动了各行业的智能化生产进程，还对不同行业的劳动力就业产生了替代效应与创造效应，在数字化治理背景下提升就业质量，进而对劳动收入份额带来更为深刻的影响。因此，深入研究人工智能对就业与收入分配的影响，对提升科技创新能力、推动建设现代化产业体系、推进共同富裕,最终实现中国式现代化具有重要的理论意义和现实意义。

如何在发展人工智能的基础上,实现就业与劳动收入份额的同步增长,是本书研究的重点。由于本人的水平有限,本书在理论构建与实证分析过程中可能存在不足,敬请各位专家、学者批评指正。

本书是国家社会科学基金项目"人工智能对就业和收入分配的影响研究"(项目批准号:18CJY010)的最终成果。

惠炜
2024年10月于中国社会科学院工业经济研究所

目　录

第一章　引言 ……………………………………………………（1）
　第一节　研究背景与意义 ……………………………………（2）
　第二节　研究思路与方法 ……………………………………（7）
　第三节　研究主要内容 ………………………………………（9）
　第四节　研究重点、难点与创新之处 ………………………（11）

第二章　人工智能影响就业和劳动收入份额的文献综述 ……（15）
　第一节　人工智能对劳动力就业的影响 ……………………（17）
　第二节　人工智能对收入分配的影响 ………………………（31）
　第三节　本章小结 ……………………………………………（34）

**第三章　人工智能影响劳动力就业与收入分配的理论
　　　　　分析框架** …………………………………………（37）
　第一节　人工智能发展现状与产业链分析 …………………（37）
　第二节　人工智能影响劳动力就业的理论分析 ……………（56）
　第三节　人工智能影响劳动力就业质量的理论分析 ………（70）
　第四节　人工智能影响劳动收入份额的理论分析 …………（74）
　第五节　本章小结 ……………………………………………（77）

第四章 人工智能发展对劳动力就业的影响研究 (79)
第一节 人工智能影响劳动力就业的模型设定与实证分析 (84)
第二节 人工智能影响劳动力就业的稳健性检验 (92)
第三节 本章小结 (95)

第五章 基于劳动力流动视角的人工智能就业效应评估 (97)
第一节 基于劳动力流动视角的人工智能影响就业的模型设定与实证分析 (101)
第二节 基于劳动力流动视角的人工智能影响就业的进一步分析 (109)
第三节 基于劳动力流动视角的人工智能影响就业的稳健性检验 (115)
第四节 本章小结 (117)

第六章 基于产业溢出与空间溢出视角的人工智能就业效应再评估 (119)
第一节 基于产业溢出与空间溢出视角的人工智能影响就业的模型设定 (121)
第二节 基于产业溢出效应的人工智能影响就业的实证检验 (127)
第三节 基于空间溢出效应的人工智能影响就业的实证检验 (135)
第四节 人工智能的就业效应探究 (141)
第五节 本章小结 (142)

第七章 人工智能发展对就业质量的影响研究 ……………（144）
第一节 人工智能影响就业质量的模型构建与变量选择 ……………………………………………（146）
第二节 人工智能影响就业质量的实证检验 ……………（153）
第三节 人工智能影响就业质量的稳健性检验 …………（158）
第四节 本章小结 ………………………………………（161）

第八章 人工智能对劳动收入份额的影响机制与路径分析 ………………………………………（163）
第一节 人工智能影响劳动收入份额的模型设定与实证分析 ………………………………………（167）
第二节 人工智能影响劳动收入份额的进一步分析 ……（173）
第三节 本章小结 ………………………………………（180）

第九章 研究结论、政策建议及有待进一步研究的问题 ……（182）
第一节 人工智能影响就业与收入分配的研究结论 ……（182）
第二节 人工智能对提高就业与劳动收入份额的政策建议 ……………………………………………（184）
第三节 有待进一步研究的问题 ………………………（188）

参考文献 ………………………………………………………（190）

后 记 …………………………………………………………（205）

第一章

引 言

人工智能（Artificial Intelligence，AI）是新一轮科技革命和产业变革的重要驱动力。2021年3月11日，第十三届全国人民代表大会第四次会议通过了《中华人民共和国国民经济和社会发展第十四个五年规划和2035年远景目标纲要》，明确要"推动互联网、大数据、人工智能等同各产业深度融合"。2021年10月18日，习近平总书记在中共中央政治局第三十四次集体学习时强调，"互联网、大数据、云计算、人工智能、区块链等技术加速创新，日益融入经济社会发展各领域全过程，数字经济发展速度之快、辐射范围之广、影响程度之深前所未有，正在成为重组全球要素资源、重塑全球经济结构、改变全球竞争格局的关键力量"①。党的二十大报告中指出要"推动战略性新兴产业融合集群发展，构建新一代信息技术、人工智能、生物技术、新能源、新材料、高端装备、绿色环保等一批新的增长引擎"，同时由于"就业是最基本的民生""分配制度是促进共同富裕的基础性制度"，就要"强化就业优先政策，健全就业促进机制""健全劳动法律法规，完善劳动关系协商协调机制，完善劳动者权益保障制度，加强灵活就业和新就业形态劳动

---

① 《把握数字经济发展趋势和规律 推动我国数字经济健康发展》，《人民日报》2021年10月20日。

者权益保障""努力提高居民收入在国民收入分配中的比重，提高劳动报酬在初次分配中的比重"，从而"扎实推进共同富裕"，不断增强人民群众获得感、幸福感、安全感，促进人的全面发展和社会全面进步。随着人工智能的深入发展，"机器换人"的担忧凸显，尤其是 ChatGPT 的出现，更是为"机器替代高技能劳动力"提供了可能性。因此，如何在人工智能发展的过程中实现稳就业、保就业，同时提升就业质量和劳动收入份额，是新发展阶段一个重要的亟待解决的问题。

以人工智能为代表的数字经济为促进经济高质量发展提供了前所未有的战略机遇，但同时也对稳定就业与提升劳动收入份额带来挑战。本书以人工智能发展对就业的影响为逻辑起点，深入剖析了人工智能发展影响就业的理论机制和传导机制，探讨人工智能如何影响和提高就业质量，分析人工智能如何通过影响工资和劳动生产率来影响劳动收入份额，探索发展人工智能与提升劳动收入份额的有效路径与政策支持。这一研究对释放人工智能发展的溢出效应、促进人工智能与实体经济深度融合、实现经济高质量发展、实现全体人民的共同富裕、推进中国式现代化进程具有重要的理论和现实意义。

第一节 研究背景与意义

一 研究背景

20 世纪 50 年代，图灵（Alan Mathison Turing）首次提出创造具有真正智能机器的可能性。[1] 随后，马文·明斯基（Marvin Min-

---

[1] Alan Mathison Turing, "Computing Machinery and Intelligence", *Mind*, Vol. 59, No. 236, 1950, pp. 433–460.

sky）和迪恩·爱德蒙兹（Dean Edmunds）建立了第一台神经网络机器（Stochastic Neural Analog Reinforcement Calculator，SNARC），乔治·德沃尔（George Devol）设计了世界上第一台可编程计算机。1956年，约翰·麦卡锡（John McCarthy）、克劳德·香农（Claude Shannon）等在达特茅斯会议上首次提出"人工智能"的概念，这次会议被誉为"人工智能的起点"。之后由于计算机数据处理方面的局限，人工智能的发展进入低谷。20世纪90年代，随着计算机在模式识别、算法方面的进步，人工智能再次进入快速发展阶段。[①] 1997年，"深蓝"成为首个战胜国际象棋世界冠军加里·卡斯帕罗夫（Garry Kasparov）的计算机系统。谷歌深度思维公司（Google Deepmind）开发的人工智能围棋软件阿尔法围棋（AlphaGo），用蒙特卡洛树搜索，借助估值网络与走棋网络两种深度神经网络，通过估值网络来评估大量选点，并通过走棋网络选择落点。阿尔法围棋于2015年击败欧洲围棋冠军杯冠军樊麾二段，2016年4∶1击败世界围棋冠军李世石九段，2017年击败世界围棋冠军柯洁；同年10月，深度思维团队发布了最强版AlphaGo，代号AlphaGo Zero。至此，围棋界认为AlphaGo的围棋能力已经超过人类职业围棋的顶级水平。

2022年11月底，OpenAI发布聊天机器人程序聊天生成预训练转换器（Chat Generative Pre-trained Transformer，ChatGPT），一石激起千层浪，迅速风靡全球，发布仅5天，注册用户超过100万；发布不到3个月，注册用户超过1亿，是史上用户数量增长最快的消费者应用软件。ChatGPT作为一种由人工智能技术驱动的自然语言处理工具，通过理解和学习人类语言进行对话，除了能像人类一样

---

① Daron Acemoglu and Pascual Restrepo, "Demographics and Automation", *Review of Economic Studies*, Vol. 89, No. 1, June 2021, pp. 1–44.

根据对话的上下文进行交流，还可以完成撰写电子邮件、代码和论文等任务。2023年2月，微软宣布推出由ChatGPT支持的最新版本人工智能搜索引擎必应（Bing）和边缘浏览器（Edge）。2023年3月，OpenAI正式推出支持图像和文本输入输出的多模态大模型GPT-4。GPT-4拥有更为强大的识图能力，文字输入的上限甚至提升到2.5万字。

2023年，OpenAI发布图像生成模型Dall-E3；2024年，OpenAI发布人工智能文生视频大模型Sora。Sora在Dall-E3的基础上，可根据用户的文本提示创建最长60秒的视频。该模型了解这些物体在物理世界中的存在方式，可以深度模拟真实物理世界，能生成具有多个角色、包含特定运动的复杂场景。

同期，国内科大讯飞的星火认知大模型、阿里巴巴的通义千问、百度的文心一言、华为的盘古大模型、字节跳动的云雀、腾讯的混元、商汤的商量、中国科学院自动化所的紫东太初大模型等迅速占领市场，大大推动了人工智能在日常生活、工作中的应用。

作为当代技术发展的引领者，人工智能的发展引起了世界各国的广泛关注。培养壮大人工智能等新兴数字产业，是中国推动经济高质量发展、实现强国目标的重大战略。党的十八大以来，中国实施网络强国战略和国家大数据战略，极大地推动了人工智能与实体经济的深度融合，推动中国人工智能领域发展取得显著成就。2015年5月，国务院印发的《中国制造2025》中提出，要"组织研发具有深度感知、智慧决策、自动执行功能的高档数控机床、工业机器人、增材制造装备等智能制造装备"。同年7月，《国务院关于积极推进"互联网+"行动的指导意见》明确将人工智能列为"互联网+"行动的11项重点推进领域之一。党的十九大报告提出，"推动互联网、大数据、人工智能和实体经济深度融合，在中高端消费、创新引领、绿色低碳、共享经济、现代供应链、人力资本服务等领域培育新增长点、形成新动能"。当前,中国已实现了第一个百年奋斗目标,正处于迈向第二个百年奋斗目标的重要历史交汇期,党的十九届五中全会提出,要"坚持创新驱动发展,全面塑造发展新优势","以创新驱动、高质量供给引领和创造新需求";党的二十大报告提出,不仅要"构建新一代信息技术、人工智能、生物技术、新能源、新材料、高端装备、绿色环保等一批新的增长引擎",还要以实现共同富裕为目标,不断"提高劳动报酬在初次分配中的比重",努力实现人民对美好生活的向往。因此,在国家大力推进人工智能与实体经济深度融合的背景下,坚持守正创新,完善科技创新体系,秉承"中国式现代化是全体人民共同富裕的现代化"的原则,在推进创新型国家建设进程的同时,实现人工智能与劳动就业率的双重发展,更好地促进劳动力就业与收入分配合理化,就成为亟待解决的现实问题。

二 研究意义

(一) 理论意义

第一,构建理论分析框架,明确人工智能促进劳动力就业、提升劳动收入份额的内在逻辑。从人工智能的发展、应用角度探讨对就业与收入分配的影响机理,解决人工智能如何通过替代效应与创造效应影响就业和收入分配的问题。分析数字化治理背景下人工智能发展对就业质量的作用机制。从索洛悖论出发,构建人工智能驱动工资、生产率影响劳动收入份额的理论框架,解释人工智能发展对劳动生产率为何会存在非线性关系。

第二,采用计量分析方法,定量分析人工智能对就业与收入分配的影响效应。采用固定效应模型、空间回归模型、中介效应模型、调节效应模型等多种计量方法分析人工智能对劳动力就业与收入分配的影响效应。采用交叉熵无偏赋权法估计劳动力就业质量,利用固定效应模型、调节效应模型等计量分析方法研究人工智能发展驱动就业质量提升的影响效应。通过固定效应模型、工具变量法等计量分析模型，推演人工智能对不同部门劳动收入份额的影响。

第三，围绕数字经济与实体经济融合发展，探索人工智能推动劳动力就业与收入分配的融合路径。从人工智能整体发展层面研究通过何种路径推动人工智能发展与就业率提升、劳动收入份额增加的协同关系，探索新常态下人工智能与实体经济深度融合，有效提高就业质量，促进收入分配合理化。从不同类型技术进步层面研究人工智能发展应如何同时促进就业与劳动收入份额的提升，发挥人工智能在就业与收入分配中的作用。结合不同区域人工智能发展实际，有针对性地制定出具有本地区特色的人工智能发展战略和全面提升就业质量、促进收入分配合理化的融合路径，对扩展收入分配理论具有一定的学术价值。

（二）现实意义

第一，构建人工智能发展、人工智能产业链与就业质量的指标体系，用交叉熵无偏赋权法测度人工智能产业链供应链韧性与就业质量的综合水平，测度中国人工智能产业链供应链韧性指数，分析中国人工智能与就业质量发展的时空演变。把握中国人工智能发展的区域格局、人工智能产业发展的优势与劣势，剖析人工智能激励就业与劳动收入份额提升的特点与困境，为促进中国人工智能产业链供应链建设、提升就业质量提供现实依据，对促进数实融合、共同富裕具有一定的应用价值。

第二，探讨人工智能对就业、收入分配的影响，为推动就业与收入分配、促进数字经济与实体经济深度融合提供对策建议。在构建人工智能影响就业与收入分配的理论框架的基础上，采用实证检验方法研究人工智能对就业与收入分配的影响效应、作用机制与调节机制，论述人工智能不仅能够在总体上提升劳动力就业，而且可以通过产业溢出效应、空间溢出效应等带动相关产业与区域劳动力就业，从而为政府、企业等推动人工智能发展、促进劳动力就业进而提升劳动收入份额提供政策启示。

（三）社会影响

第一，有利于重塑创新体系、培育新兴业态和促进数实融合。探讨人工智能提升就业与劳动收入份额的理论机制、影响效应与融合路径，不仅为各省份、地区如何结合自身资源禀赋、市场环境、技术能力等因素，制定适合自身发展的数字经济创新改革战略、人工智能发展政策提供理论支撑，同时为政府布局人工智能产业集群、数字经济与实体经济融合发展政策提供依据，对于重塑创新体系、培育新兴业态和促进数实融合、构建现代化产业体系具有重要的社会影响。

第二，有利于推动人工智能发展与实现共同富裕的协同效应。不仅从理论上探讨人工智能对就业与收入分配的作用机制，而且采用实证方法研究人工智能影响就业与劳动收入份额的作用机制。研究发现，人工智能能够通过产业溢出效应、空间溢出效应提升劳动力就业，在数字化治理背景下提升就业质量，通过提高工资水平来提升劳动收入份额，长期内能够克服索洛悖论，提高劳动生产率。该结论为政府、企业、研发机构利用人工智能技术提高劳动生产率、劳动力就业与劳动收入份额提供政策启示，为相关部门完善分配制度、努力提高居民收入在国民收入分配中的比重提供政策参考，对推动人工智能发展与实现共同富裕的协同效应、实现中国式现代化建设具有重要的社会影响。

第二节　研究思路与方法

一　研究思路

本书首先梳理人工智能影响就业与劳动收入份额的已有研究，

掌握人工智能发展与就业、收入分配等相关研究的最新进展，发现已有研究的不足，明确研究目标。其次，研究人工智能对劳动力就业的影响效应，探究人工智能影响劳动力就业的理论机制，解决人工智能为什么、如何影响劳动力就业问题，分析人工智能影响劳动力就业的行业异质性与区域异质性。再次，研究人工智能对就业质量的影响效应，构建衡量中国劳动力就业质量的指标体系，探究数字治理条件下，人工智能如何影响就业质量。最后，研究人工智能对劳动收入份额的影响效应与作用机制，考察人工智能对不同部门的劳动收入份额的影响，探究人工智能在发展过程中是否存在索洛悖论，研究长期内人工智能发展对劳动生产率与劳动收入份额的影响。

二 研究方法

经验归纳研究：通过收集国内外学术研究报告、学术论文、统计年鉴等，梳理人工智能、劳动力就业与收入分配的最新研究进展，发现已有研究的不足，明确研究目标，在此基础上，界定人工智能的内涵，明确人工智能产业链构成，构建人工智能影响就业与收入分配的理论模型，将经验分析与理论分析相结合。

实证研究法：利用统计学方法与统计软件，构建人工智能与劳动力就业质量的指标体系，采用交叉熵无偏赋权法对人工智能与劳动力就业质量现状进行统计分析。采用固定效应模型、空间回归模型、中介效应模型、调节效应模型等多种计量方法分析人工智能对劳动力就业、就业质量与收入分配的影响效应。采用工具变量法解决研究的内生性问题。

比较研究法：研究分析人工智能发展现状，将中国与世界主要经济体的人工智能发展状况进行比较分析，总结其对中国发展人工智能的借鉴与启示。研究分析人工智能对劳动力就业与收入分配的影响机制时,需要对相关历史数据进行分析与探讨,结合当前实际,比较分析不同行业、不同区域的影响效应。

第三节 研究主要内容

第一,人工智能影响就业和收入分配的理论框架。结合已有文献,归纳总结人工智能发展影响劳动力就业与收入分配的理论机理。(1)研究人工智能产业、产业链以及产业链韧性,明确中国人工智能发展现状,为后续研究人工智能对就业与劳动收入份额的影响奠定基础。(2)分别从劳动力流动、产业融合与空间溢出出发,阐释人工智能技术发展对劳动力就业产生的替代效应与创造效应,并论述两类效应之间的联系。(3)探讨人工智能发展影响就业质量的内在逻辑,分析数字化治理背景下人工智能发展对就业质量的作用机制。(4)研究人工智能对劳动收入份额的影响效应与作用机制,探究人工智能在发展过程中是否存在索洛悖论,分析长期内人工智能发展对劳动生产率与劳动收入份额的影响。

第二,人工智能发展对劳动力就业的影响研究。采用固定效应模型、空间回归模型、中介效应模型、调节效应模型等计量方法分析人工智能发展驱动劳动力就业的影响规律。(1)利用人工智能、深度学习、机器学习的专利数据,研究人工智能影响劳动力就业的总效应,考察人工智能发展对劳动力就业的创造效应与替代效应,并阐释二者之间的联系。(2)从劳动力流动视角出发,研究人工智能对制造业与服务业就业影响的异质性。(3)从产业融合视角出发,研究制造业与服务业人工智能发展影响劳动力就业的产业溢出效应。(4)从空间溢出视角出发,考察人工智能发展的区域特征,研究中心城市人工智能如何通过空间溢出影响外围城市劳动力就业。

第三,人工智能发展对就业质量的影响研究。采用交叉熵无偏赋权法估计劳动力就业质量,利用固定效应模型、调节效应模型等计量分析方法研究人工智能发展驱动就业质量提升的影响效应。(1) 构建包含就业环境、就业能力、就业状况、劳动者报酬、劳动保护、劳动关系6个一级指标的中国30个省级行政区的就业质量指标体系。(2) 构建人工智能影响劳动力就业质量的理论框架,探讨人工智能在数字化治理情况下影响就业质量的理论机制。(3) 实证分析人工智能发展对就业质量的影响效应。(4) 研究数字化治理在人工智能发展影响就业质量过程中的调节效应。

第四,人工智能发展对劳动收入份额的影响机制与路径分析。通过固定效应模型、工具变量法等计量分析模型,推演人工智能对不同部门劳动收入份额的影响。(1) 构建人工智能影响劳动收入份额的理论分析框架,理论分析人工智能如何通过工资与劳动生产率对劳动收入份额产生影响。(2) 实证分析人工智能发展对劳动收入份额的影响,探究人工智能在发展过程中是否存在索洛悖论。(3) 实证检验人工智能如何通过影响劳动生产率与平均工资影响劳动收入份额。(4) 考察长期内,人工智能发展对劳动生产率与劳动收入份额的影响。

第五,人工智能影响就业和收入分配的政策研究。以理论分析与实证研究结论为基础,提出政策建议。(1) 增强对人工智能发展的政策支持。从国家战略出发,发挥新型举国体制优势,集中力量解决人工智能基础层与技术层创新能力不足等问题,推动人工智能产学研结合。(2) 完善人工智能发展的外部环境。完善投融资机制,构建良好产业发展生态环境。规划人工智能发展中心地区,如京津冀、长三角、粤港澳、成渝、关中平原、长江中游等区域,辐射带动外围地区人工智能的发展、普及与应用。(3) 健全创新成果转化机制。完善人工智能相关专利技术研发、应用保障体系,加快推动数字产业化与产业数字化发展，不断提升劳动生产率。(4)构建完备的人才培养、流动模式。吸引人才流入，破除劳动力流动障碍，缩短就业结构调整"阵痛期"。(5)完善劳动保障制度。建立完备的工资增长的长效机制，提高劳动收入份额。借助人工智能技术完善社会保障制度，改善劳动保护状况。

第四节 研究重点、难点与创新之处

一 研究重点

第一，构建人工智能影响就业与劳动收入份额的理论框架。研究人工智能影响就业与劳动收入份额的本质特征，揭示人工智能影响就业与劳动收入份额的内在机理，分别从产业关联、产业异质性、产业融合与空间溢出出发，阐释人工智能技术发展对劳动力就业产生的替代效应与创造效应，并论述两类效应之间的联系。探讨人工智能发展影响就业质量的内在逻辑，分析数字化治理背景下人工智能发展对就业质量的作用机制。从索洛悖论出发，构建人工智能驱动工资、生产率影响劳动收入份额的理论框架，解释人工智能发展对劳动生产率的影响为何会存在非线性关系。

第二，揭示人工智能对就业与劳动收入份额的影响效应。采用固定效应模型、空间回归模型、中介效应模型、调节效应模型等多种计量方法分析人工智能对劳动力就业与收入分配的影响效应。从产业关联、产业融合视角出发，研究人工智能发展对制造业与服务业劳动力就业影响的创造效应与替代效应。从人工智能的区域特征出发，基于空间溢出视角研究中心城市人工智能如何通过空间溢出影响外围城市劳动力就业。采用交叉熵无偏赋权法估计劳动力就业质量，利用固定效应模型、调节效应模型等计量分析方法研究人工智能发展驱动就业质量提升的影响效应。通过固定效应模型、工具变量法等计量分析模型,推演人工智能对不同部门劳动收入份额的影响,探究人工智能发展过程中是否存在索洛悖论,考察长期内人工智能发展对劳动生产率与劳动收入份额的影响。

第三,探索人工智能发展提升就业与劳动收入份额的融合路径。从人工智能整体发展层面研究,通过何种路径推动人工智能与劳动力就业、劳动收入份额的协同发展。探索新常态下促进人工智能与实体经济深度融合、保障人工智能发展安全,同时有效提高就业质量、促进收入分配合理化的可行路径。从不同行业层面研究,人工智能发展应如何同时促进就业与劳动收入份额的提升,不断提高企业、高校和科研院所等研发机构对人工智能建设的重视程度,发挥人工智能在就业与收入分配中的积极作用。结合不同区域人工智能发展实际,有针对性地制定出具有本地区特色的人工智能发展战略和全面提升就业、促进收入分配合理化的融合路径。

二 研究难点

第一,构建人工智能产业链供应链的测度指标体系。为了深入探讨人工智能对劳动力就业与收入分配的影响效应,首先应科学合理地测度人工智能产业链供应链发展的真实水平,但由于学术界对人工智能的内涵界定尚未形成统一标准,使得对其的测度较为困难。已有研究所使用指标均存在一定的不合理性,难以全面反映出人工智能发展的真实情况。因此,基于人工智能产业链供应链特征与内涵构造一套科学系统的指标体系,充分利用已有数据对人工智能发展状况进行有效测度是本书要突破的一大难点。

第二,探讨人工智能对就业与收入分配的理论机制与影响机制。构建人工智能对就业与收入分配的理论框架,需要立足已有研究,突破已有理论悖论,通过访谈、案例与调研等方法思考人工智能对就业的影响机制,理论上阐述人工智能提升劳动力就业与就业质量的机制；探索人工智能克服索洛悖论提升劳动收入份额的影响机制，理论上阐述人工智能如何促进劳动收入份额的提升。然而目前鲜有文献对人工智能影响劳动力就业、就业质量与劳动收入份额的机制进行系统探讨，缺少借鉴基础。因此，对人工智能影响就业与收入分配理论机制的探讨，以及影响机制的测度也是本书的难点。

第三，研究人工智能对就业与收入分配的影响效应。本书需要构建相关计量模型对如下问题进行实证研究，如人工智能与劳动力就业和收入分配存在何种均衡关系，人工智能通过哪些机制影响劳动力就业与劳动收入份额，是否存在产业溢出效应与空间溢出效应，人工智能能否克服索洛悖论提升劳动收入份额。因此，如何准确地构造实证模型，选择合适的计量研究方法，克服内生性问题，从而客观真实地研究人工智能对就业与收入分配的影响效应也是本书的难点。

三　创新之处

第一，构建人工智能影响就业与劳动收入份额的理论框架，剖析人工智能影响就业与劳动收入份额的内在逻辑，丰富了学术界有关人工智能与劳动力市场的理论研究。探索人工智能发展对就业和收入分配的逻辑关系，回答人工智能如何影响就业与收入分配等问题，进而系统构建理论分析模型；结合新常态下人工智能发展与就业、收入分配现状，基于不同时间阶段、不同就业群体、不同行业、不同区域外部环境层面，有针对性地设计人工智能、劳动力就业与收入分配的均衡收敛路径，充分发挥人工智能的产业溢出效应与空间溢出效应。这些问题的解决使本书具有较强的理论价值与实践参考意义。

第二，研究人工智能影响就业的影响效应。分别从省级层面、市级层面，产业关联、产业溢出与空间溢出角度出发，考察人工智能发展对就业的影响，厘清人工智能影响就业的产业规律与空间规律，分析人工智能对就业影响的异质效应与溢出效应，探讨人工智能发展影响就业质量的内在逻辑，分析数字化治理背景下人工智能发展对就业质量的作用机制，为释放人工智能发展潜力、推动劳动力就业同向发展提供经验证据。

第三，论证人工智能发展与劳动收入份额提升的融合路径。基于发展阶段差异视角、区域发展差异视角、就业主体视角，揭示人工智能发展对就业与收入分配影响的异质性效应，从索洛悖论出发，探索人工智能发展通过工资、劳动生产率影响劳动收入份额的影响机制，为推动人工智能进一步发展的同时提升劳动收入在初次分配中的占比提供理论依据。

第四，探索符合新时代经济学研究的技术范式。通过构建人工智能影响就业与劳动收入份额的理论框架，探索其本质特征、运行规律与历史演化，探索新时代具有中国特色经济学研究的技术范式，为学术体系、学科体系、话语体系建设奠定基础。

第二章

人工智能影响就业和劳动收入份额的文献综述

1950年,图灵提出"机器能思考吗?"这一问题,并基于这一问题设计游戏,探讨创造具有真正智能机器的可能性,这一游戏被称为"图灵测试"。① 此后很长一段时间内,图灵测试都被用作判断人工智能的标准。其后,马文·明斯基和迪恩·爱德蒙兹于1951年设计了第一台神经网络机器——随机神经模拟强化计算器(SNARC);乔治·戴沃尔于1954年设计了世界上第一台可编程计算机——尤尼梅特(Unimate),并于1961年获得该计算机的专利。1956年,达特茅斯会议(Dartmouth Conference)在美国汉诺斯达特茅斯学院召开。在这次会议上,约翰·麦卡锡、克劳德·香农等首次提出"人工智能"概念。因此,这次会议被誉为"人工智能的起点",这年被誉为"人工智能元年"。此后,创造真正的智能机器成为人工智能发展的目标。然而,限于当时计算机在数据处理方面的水平,人工智能的发展进入瓶颈阶段,直至20世纪90年代,随着计算机在模式识别和预测方面的进步,人工智能再次进入飞速

---

① Alan Mathison Turing, "Computing Machinery and Intelligence", *Mind*, Vol. 59, No. 236, 1950, pp. 433–460.

发展阶段。① 1997年,"深蓝"战胜加里·卡斯帕罗夫,成为第一个战胜国际象棋世界冠军的计算机系统。进入21世纪以来,人工智能不断借助人机交互、机器学习与模式识别等技术的快速发展,广泛应用于数据挖掘、工业机器人、物流、语音识别、银行业软件、医疗诊断和搜索引擎等领域,为推动产业数字化、构建现代化产业体系奠定了关键基础。

2022年11月30日,基于大语言模型(Large Language Models, LLMs)的人工智能对话聊天机器人ChatGPT发布。2023年2月7日,微软宣布推出由ChatGPT支持的人工智能搜索引擎Bing和Edge浏览器。2023年3月15日,OpenAI正式推出GPT-4,GPT-4拥有更为强大的识图能力,文字输入限制甚至提升到了2.5万字。但是ChatGPT常被学生或科研人员用来完成本应由自身脑力完成的常规任务,造成学术道德不规范等问题,对学校教育与学术规范造成了极大的不良影响。因此,多家学术期刊明令禁止或严格限制使用ChatGPT等人工智能撰写学术论文,高校教师对学生使用ChatGPT写作业制定了明确的惩罚措施。此外,意大利基于个人数据保护,为防止信息泄露,下架ChatGPT;三星公司、苹果公司为激励技术创新,均限制ChatGPT的使用。

作为当代技术发展的领跑者、新技术革命的重要驱动力,人工智能的发展在中国也引发了广泛重视。2023年7月,习近平总书记在中共中央政治局召开的分析研究当前经济形势和经济工作会议中强调,"要推动数字经济与先进制造业、现代服务业深度融合",同时"促进人工智能安全发展"。② 人工智能的发展直接关系到数字经济的发展情况,从而直接影响中国未来经济发展形势。2023年

---

① Daron Acemoglu and P. Restrepo, "Demographics and Automation", *Review of Economic Studies*, Vol. 89, No. 1, 2021.

② 《分析研究当前经济形势和经济工作》,《人民日报》2023年7月25日。

10月，国家数据局正式揭牌，主要负责协调推进数据基础制度建设，统筹数据资源整合共享和开发利用，统筹推进数字中国、数字经济、数字社会规划和建设等。

以人工智能为代表的新技术革命使得生产函数出现变化，加快发展人工智能，对中国转变经济发展方式、建设创新型国家、实现中国式现代化都具有重要意义。人工智能的快速发展在推动中国科学技术和生产力进步的同时，将带来人与社会关系的转变，[1] 引发新一轮生产方式变革与劳动力流动。因此，为深入探索新发展阶段，人工智能发展对劳动力就业和收入分配格局的影响，本章着重梳理人工智能影响劳动力就业、收入分配的已有文献，为后续研究奠定基础。

第一节 人工智能对劳动力就业的影响

技术进步对劳动力就业的影响作为长期以来经济学研究的热点问题，学术界普遍认为，技术进步对就业的影响可简单地划分为技术和劳动力的替代效应以及创造效应。具体而言，新技术的引入将取代劳动力，产生替代效应，导致失业率上升；[2] 新技术的引入将通过创造新的就业岗位来提高对非机器工作劳动力[3]和高技能劳动

---

[1] 刘旭雯：《人工智能视域下的分工与人的全面发展——对马克思分工理论的思考》，《社会主义研究》2019年第4期。

[2] 姚战琪、夏杰长：《资本深化、技术进步对中国就业效应的经验分析》，《世界经济》2005年第1期；Daron Acemoglu et al., "Return of the Solow Paradox? IT, Productivity, and Employment in U. S. Manufacturing", NBER Working Papers, No. 19837, 2014, https://www.nber.org/papers/w19837.pdf；刘国晖、张如庆、陈清萍：《有偏技术进步抑制中国劳动就业了吗？》，《经济问题》2016年第9期。

[3] Rupert Knight, "The Emerging Professional: Exploring Student Teachers'Developing Conceptions of the Relationship between Theory and Practice in Learning to Teach", Doctor Thesis, University of Derby, 2014；David Autor, "Why Are There Still So Many Jobs? The History and Future of Workplace Automation", *Journal of Economic Perspectives*, Vol. 29, No. 3, 2015, pp. 3 – 30；Daron Acemoglu and Pascual Restrepo, "The Race between Man and Machine: Implications of Technology for Growth, Factor Shares, and Employment", *American Economic Review*, Vol. 108, No. 6, 2018, pp. 1488 – 1542.

力的需求①,提升就业率②。因此,技术进步对就业的总体影响主要取决于,由技术创造新岗位产生的创造效应以及技术替代劳动力的替代效应的相对大小。

人工智能与传统的技术进步相比,能够进一步提高生产自动化水平,同时还可以完成一些非机器的任务,由此带来就业的新变化。目前,已有研究主要集中在人工智能对劳动力就业的影响机制、人工智能对不同行业劳动力就业的影响效应、人工智能对不同技能劳动力就业的影响效应、人工智能对就业极化的影响效应,以及应对人工智能替代效应的教育政策五个方面。

一 人工智能对劳动力就业的影响机制及实证分析

人工智能影响劳动力就业的已有研究主要从替代效应、创造效应及其相关影响机制的实证分析进行。

(一) 人工智能对劳动力就业的替代效应

人工智能的发展为劳动力带来被替代的风险,产生就业的替代效应。未来20年美国将有近一半的就业存在被自动化替代的风险;③ 芬兰有35.5%的就业可能被自动化替代。④ 邓洲和黄娅娜研究发现,人工智能在简单重复的脑力劳动就业岗位、存在中度复杂重复性的脑力劳动就业岗位,以及体力与脑力相结合的就业岗位三个领

---

① David Autor, A. Krueger, L. Kats, "Computing Inequality: Have Computers Changed the Labor Market?", *Quarterly Journal of Economics*, Vol. 113, No. 4, 1998, pp. 1169 – 1213.

② 叶仁荪、王光栋、王雷:《技术进步的就业效应与技术进步路线的选择——基于1990~2005年中国省际面板数据的分析》,《数量经济技术经济研究》2008年第3期; Francesco Bogliacino, "Innovation and Employment: A Firm Level Analysis with European R&D Scoreboard Data", *EconomiA*, Vol. 15, No. 2, 2014, pp. 141 – 154。

③ Carl Frey and Michael Osborne, "The Future of Employment: How Susceptible Are Jobs to Computerisation?", *Technological Forecasting and Social Change*, Vol. 114, 2017, pp. 254 – 280.

④ Mika Pajarinen and Petri Rouvinen, "Computerization Threatens One Third of Finnish Employment", *ETLA Muistio Brief*, 2014, No. 22, 2014, https://www.etla.fi/wp-content/uploads/ETLA-Muistio-Brief – 22. pdf.

第二章　人工智能影响就业和劳动收入份额的文献综述

域对就业的替代效应更为显著。①

人工智能对劳动力就业的替代效应存在阶段异质性：在技术发展初期，人工智能对就业的影响非常有限；随着人工智能的深入发展，机器人技术进入扩张期，对就业的影响开始凸显，在众多对中等熟练技能劳动力需求较高的行业中，会计、审计、金融和保险等行业是最先受到人工智能技术影响的；长期来看，人工智能等技术将引发新一轮技术革命，对服务业劳动力带来替代效应。其中影响最大的是以下三类行业：一是医疗行业，主要以体检和咨询服务为主；二是教育培训行业，包括各类基础课程教师、各级教育助理教师、行政人员等被机器替代的比例将超过75%；三是养老行业，随着中国人口老龄化的加深，被人工智能取代的养老行业岗位数量占比将达到42%。②樊润华研究发现，人工智能对就业的替代效应并非仅集中于低技能岗位，技能要求单一的具有程序性和常规性的就业岗位都有被人工智能替代的可能性，比如文案撰写、数据处理、法律合同审查、审计、医疗图像检查等岗位。③

人工智能对劳动力就业的影响不同于传统技术进步。一方面，人工智能存在类似于传统技术进步对就业的影响机制，人工智能的发展将进一步降低资本品价格，促使企业以资本取代劳动力。奥特尔（David Autor）和多恩（David Dorn）认为，企业为了显著降低生产成本，选择应用计算机技术替代劳动力，在推动企业生产智能化进程的同时，对劳动力就业产生了显著的替代效应。④阿西莫格鲁（Daron Acemoglu）和雷斯特雷波（Pascual Restrepo）通过构建

---

① 邓洲、黄娅娜：《人工智能发展的就业影响研究》，《学习与探索》2019年第7期。
② 王君等：《人工智能等新技术进步影响就业的机理与对策》，《宏观经济研究》2017年第10期；何勤：《人工智能与就业变革》，《中国劳动关系学院学报》2019年第3期。
③ 樊润华：《浅析人工智能的发展对社会就业形势的影响》，《当代经济》2018年第7期。
④ David Autor and David Dorn, "The Growth of Low-Skill Service Jobs and the Polarization of the US Labor Market", *American Economic Review*, Vol. 103, No. 5, 2013, pp. 1553–1597.

人工智能影响工资、劳动力就业与工作岗位需求的理论框架,研究发现,人工智能能够从事以往由人从事的工作,从而减少对劳动力的需求,产生机器替代劳动力的替代效应。① 另一方面,人工智能有不同于传统技术进步的独特性,目前人工智能技术已经具有较强的认知、分析、统计能力,能够在一定程度上替代部分高技能劳动力。②

(二) 人工智能对劳动力就业的创造效应

除提升企业生产智能化程度、替代劳动力就业以外,人工智能在非机器工作领域并不具有比较优势,因此能够创造新的就业岗位,提高对劳动力的需求,产生就业创造效应。③ 阿西莫格鲁和雷斯特雷波认为人工智能作为一个新兴技术平台,能够对生产的组织方式产生非常深远的影响,不仅能够将以往由人工完成的工作自动化,同时还能创造新的就业岗位。④

人工智能的发展将填补已有就业岗位空缺,机器并非替代劳动力,而是与劳动力呈互补关系,产生间接的就业创造效应。人工智能主要在涉及人类承担的脑力劳动强度高、效率低的工作,超出了人类感官和反应的极限、人类无法确保完成质量的工作,以及不允许人类进入的工作环境的工作三个领域填补岗位空缺。⑤ 从人工智能影响就业的异质性来看,人工智能对就业的间接影响大于直接影

---

① Daron Acemoglu and Pascual Restrepo, "Artificial Intelligence, Automation and Work", in Ajay Agrawal, Joshua Gans and Avi Goldfarb eds., *The Economics of Artificial Intelligence*, The University of Chicago Press, 2019, pp. 197 – 236.

② Erik Brynjolfsson and Andrew McAfee, "The Second Machine Age", *Nz Business*, Vol. 14, No. 11, 2014, pp. 1895 – 1896.

③ Daron Acemoglu and Pascual Restrepo, "The Race between Man and Machine: Implications of Technology for Growth, Factor Shares, and Employment", *American Economic Review*, Vol. 108, No. 6, 2018, pp. 1488 – 1542.

④ Daron Acemoglu and Pascual Restrepo, "Demographics and Automation", *Review of Economic Studies*, Vol. 89, No. 1, 2021, pp. 1 – 44.

⑤ 邓洲、黄娅娜:《人工智能发展的就业影响研究》,《学习与探索》2019 年第 7 期。

响，长期影响大于短期影响。尽管人工智能经常被宣传为对劳动力就业的威胁，但它填补了劳动力岗位的许多供应缺口，在改善整个经济链和满足市场需求方面发挥了重要作用，从而使得劳动者能够在他们愿意和有能力履行的岗位上生存。

（三）人工智能对劳动力就业总量的实证考察

第一，人工智能显著降低了劳动力的就业总量，即替代效应大于创造效应。阿西莫格鲁和雷斯特雷波利用1990—2007年工业机器人使用增加量，采用机器人与工人竞争模型，探究工业机器人使用对美国劳动力市场的影响，研究发现机器人的使用可能会降低就业率和工资，实证结果表明，每千名工人中增加一个机器人，将使就业降低0.18%—0.34%。[1]

第二，人工智能显著提升了劳动力的就业总量，间接证明了人工智能的就业创造效应，即创造效应大于替代效应。霍德马克（Lennart Hoedemakers）利用OECD跨国数据进行实证分析，研究发现，若用机器人专利数量衡量机器人的技术进步，那么，机器人的使用对劳动力就业具有温和的正向影响。[2] 格里高利（Terry Gregory）等利用欧盟劳工调查（European Union Labour Force Survey，EU-LFS）公布的27个欧洲国家1999—2010年的数据进行实证分析，研究发现生产自动化不仅能够增加就业岗位，还能够替代劳动力减少工作岗位，但增加的工作岗位要多于受替代效应影响减少的工作岗位，即创造效应大于替代效应。[3]

---

[1] Daron Acemoglu and Pascual Restrepo, "Robots and Jobs: Evidence from US Labor Markets", *Journal of Political Economy*, Vol. 128, No. 6, 2020, pp. 2188–2244.

[2] Lennart Hoedemakers, "The Changing Nature of Employment: How Technological Progress and Robotics Shape the Future of Work", Master Thesis, Lund University, 2017.

[3] Terry Gregory, Anna Salomons, Ulrich Zierahn-Weilage, "Racing with or against the Machine? Evidence from Europe", *Journal of the European Economic Association*, Vol. 20, No. 2, 2022, pp. 869–906.

第三，人工智能对劳动力就业无显著影响，即替代效应和创造效应相互抵消。尽管人工智能技术已将许多工作岗位逐步转变为自动化，但其对总就业的影响并不显著。[①] 欧盟委员会（European Commission）通过调研欧洲工业机器人的使用情况，发现使用工业机器人对劳动力就业无显著影响，但是显著提高了使用工业机器人的公司的劳动生产率。[②] 格雷茨（Georg Graetz）和迈克尔斯（Guy Michaels）通过使用国际机器人联合会（International Federation of Robotics，IFR）公布的1993—2007年17个国家工业企业机器人使用情况的面板数据，研究发现，工业机器人的使用对总体就业量无显著影响，但是显著降低了企业员工中低技能劳动力的数量，同时提高了企业的全要素生产率，工业机器人的使用增量对劳动生产率年增长率的贡献甚至达到了0.36%。[③]

已有实证结果之所以存在争议，是因为人工智能对劳动力就业的替代效应与创造效应的相对大小存在长期和短期的差异，人工智能对就业量的影响取决于劳动力与新岗位的匹配速度。从短期来看，劳动力技能与新技术、新岗位的匹配速度低于人工智能对劳动力的替代速度，导致创造效应小于替代效应，故短期内人工智能将会降低总体就业量。从长期来看，劳动力与新技术匹配程度优于短期，因此如果劳动力与人工智能、新岗位匹配良好，能够适应人工

---

① James Bessen, "AI and Jobs: The Role of Demand", NBER Working Paper, No. 24235, 2018, https://www.nber.org/system/files/working_papers/w24235/w24235.pdf.

② European Commission, "Analysis of the Impact of Robotic Systems on Employment in the European Union", 2016, https://www.researchgate.net/publication/286392353_Analysis_of_the_impact_of_robotic_systems_on_employment_in_the_European_Union.

③ Georg Graetz and Guy Michaels, "Robots at Work", *Review of Economics and Statistics*, Vol. 100, No. 5, 2018, pp. 753–768.

智能发展带来的技术需求,那么人工智能将会提高总就业量。① 以德国和美国为例,德国的机器人应用程度高于美国,故长期内机器人的使用对德国的就业有积极的影响,而对美国则有负向影响。② 那么,政府应在了解人工智能对劳动力就业情况的影响下制定政策,特别是关于是否需要对人工智能企业进行补贴或征税,这取决于这一技术能否促进劳动力就业或替代劳动力。③ 因此,在发展人工智能技术的同时,应重视人工智能在创造新的工作岗位、增加劳动力需求方面的作用,使人工智能的发展为经济和社会带来显著的积极效益。④

二 人工智能对不同行业就业的影响

在人工智能的影响下,劳动力的需求结构会发生变化,从而导致行业的就业结构发生相应的变化,具体表现为人工智能对行业就业影响的异质性。通常来说,重复性、程序性越强的工作岗位越容易被人工智能替代,故随着人工智能的深入发展,对具有重复性、程序性的工作岗位的劳动力需求将会明显减少,同时增加对具有创造性、复杂性特征的非常规工作岗位的劳动力需求,特别是从事科

---

① Daron Acemoglu and Pascual Restrepo, "Artificial Intelligence, Automation and Work", in Ajay Agrawal, Joshua Gans and Avi Goldfarb eds., *The Economics of Artificial Intelligence*, The University of Chicago Press, 2019, pp. 197–236.

② Georg Graetz and Guy Michaels, "Robots at Work", *Review of Economics and Statistics*, Vol. 100, No. 5, 2018.

③ Robert Seamans and Manav Raj, "AI, Labor, Productivity and the Need for Firm-Level Data", *NBER Working Paper*, 2018, No. 24239, https://www.nber.org/papers/w24239.pdf; Tom Mitchell and Erik Brynjolfsson, "Track How Technology Is Transforming Work", *Nature*, Vol. 544, No. 7650, 2017, pp. 290–292.

④ Daron Acemoglu and Pascual Restrepo, "The Wrong Kind of AI? Artificial Intelligence and the Future of Labor Demand", *NBER Working Paper*, No. 25682, 2019, https://www.nber.org/papers/w25682.pdf.

研工作的劳动力的需求将会明显上升。①

(一) 人工智能的替代效应多集中于传统产业

基于前文的分析发现，人工智能对重复性、程序性高的工作岗位具有较高的替代性，由于传统制造业和传统服务业均位于产业链的低端，且这两类行业本身具有较高的重复性与程序性，人工智能对于这两类行业的劳动力具有明显的比较优势。因此，人工智能将以较高的生产效率对传统制造业与传统服务业造成冲击，替代这两类行业的劳动力，第一产业、第二产业甚至第三产业中的低端行业的劳动力将面临技术性失业或技能性失业。其中，中国人工智能替代劳动力就业主要发生在第二产业与第三产业中的传统产业。② 具体而言，工作内容相对较为简单、偏向于体力劳动，而非脑力劳动的工作岗位，对劳动力本身的技能需求较低，因此更易被人工智能替代。在低端制造业，生产、设备、仓库管理、物流和检验人员都有被人工智能替代的风险；在低端服务业，餐饮住宿、批发零售、治安维护等就业岗位也都有被人工智能替代的风险。③ 谢萌萌等利用 2011—2017 年制造业企业的面板数据，实证分析人工智能对低技能劳动力就业的影响，研究发现，在传统制造业企业中，人工智能将会替代低技能劳动力，制造业企业利用人工智能技术将会显著降低企业中低技能劳动力的就业比例，减少制造业企业低技能劳动力就业岗位。④

---

① David Autor, Frank Levy, Richard Murnane, "The Skill Content of Recent Technological Change: An Empirical Exploration", *Quarterly Journal of Economics*, Vol. 118, No. 4, 2003, pp. 1279–1333.

② 蒋南平、邹宇:《人工智能与中国劳动力供给侧结构性改革》,《四川大学学报》(哲学社会科学版) 2018 年第 1 期。

③ 刘晓莉、许艳丽:《技能偏好型技术进步视阈下人工智能对技能人才就业的影响》,《中国职业技术教育》2018 年第 15 期。

④ 谢萌萌等:《人工智能、技术进步与低技能就业——基于中国制造业企业的实证研究》,《中国管理科学》2020 年第 12 期。

(二) 人工智能的创造效应集中于新兴产业与服务业

人工智能发展能增强人类感官与运动能力，产生新的创造力和生产力，与劳动力的互补作用往往在高技术产业与高端服务业体现得更为显著。① 一方面，人工智能的发展能够有效促进无人驾驶、机器翻译、图像识别分析等行业的发展，增加这些行业对劳动力的需求，对劳动力就业产生显著的创造效应。② 另一方面，人工智能的发展将在服务业创造新的就业岗位。③ 以电子商务行业为例，吴清军等研究发现，在商品流通领域，人工智能促使商品流通领域实现总销售额和电商销售额同比增长，在提高电子商务从业人员工资水平的同时，对劳动力就业产生积极的影响。④

(三) 人工智能的发展阶段对制造业和服务业就业的影响存在异质性

对中国制造业企业来说，当人工智能技术生产率增长幅度低于 0.0282 时，人工智能的应用每提升 1% 将减少 0.124% 的制造业劳动力就业比重，此时人工智能对劳动力就业呈现出替代效应；而当人工智能技术生产率增长幅度超过 0.0282 时，人工智能的应用每提升 1% 将增加 0.179% 的制造业就业占比，此时人工智能对劳动力就业呈现出创造效应。这表明不同的人工智能的发展阶段将会对劳动力就业产生不同的影响，人工智能对制造业就业呈现先降后升的 "U" 形曲线形势。随着人工智能技术取得重大突破，人工智能对制造业就业的替代效应可能会转变为创造效应，实现人工智能与

---

① Manuel Trajtenberg, "AI as the Next GPT: A Political-Economy Perspective", *NBER Working Paper*, 2018, No.24245, https://www.nber.org/papers/w24245.pdf；尹振宇、吴传琦：《人工智能的就业效应及其中国启示》，《改革与战略》2019 年第 2 期。

② 邓洲、黄娅娜：《人工智能发展的就业影响研究》，《学习与探索》2019 年第 7 期。

③ Wolfgang Dauth et al., "German Robots-the Impact of Industrial Robots on Workers", *IAB Discussion Paper*, No.30, 2017, https://www.econstor.eu/bitstream/10419/172894/1/dp3017.pdf.

④ 吴清军等：《人工智能是否会带来大规模失业？——基于电商平台人工智能技术、经济效益与就业的测算》，《山东社会科学》2019 年第 3 期。

制造业劳动力就业同向发展。① 对中国服务业企业来说，短期内，人工智能一定会对电商的就业带来消极影响；但在长期内，人工智能会提升整个电商行业的经济效益，从而带来更多就业岗位。②

三 人工智能对不同技能就业的影响

已有研究通过研究技术进步对不同技能劳动力就业的影响显示，高技能劳动力由于其自身较强的学习能力促使他们能够快速掌握、应用新技术，迅速与新技术形成互补关系，不易被新技术替代；低技能劳动力受自身人力资本水平限制，无法快速掌握新技术，存在被新技术替代的风险。与传统技术进步类似，人工智能将增加对高技能劳动力的需求，对高技能劳动力就业产生创造效应，对低技能劳动力就业产生替代效应。

随着人工智能的快速发展，技术更迭要求企业不断提升其劳动生产率，致使各行业对劳动力的需求都明显偏向高技能劳动力，③ 特别是在工业智能发展程度较高的地区，对高技能劳动力的需求增长率大于低技能劳动力与中等技能劳动力。④ 随着机器人使用密度和数量的增加，对低技能劳动力的岗位需求将呈下降趋势，⑤ 低技能劳动力面临失业风险，而高技能劳动力将拥有更多就业机会。⑥

---

① 蔡啸、黄旭美：《人工智能技术会抑制制造业就业吗？——理论推演与实证检验》，《商业研究》2019年第6期。

② 吴清军等：《人工智能是否会带来大规模失业？——基于电商平台人工智能技术、经济效益与就业的测算》，《山东社会科学》2019年第3期。

③ 潘文轩：《人工智能技术发展对就业的多重影响及应对措施》，《湖湘论坛》2018年第4期。

④ 孙早、侯玉琳：《工业智能化如何重塑劳动力就业结构》，《中国工业经济》2019年第5期。

⑤ Georg Graetz and Guy Michaels, "Robots at Work", *Review of Economics and Statistics*, Vol. 100, No. 5, 2018.

⑥ 刘晓莉、许艳丽：《技能偏好型技术进步视阈下人工智能对技能人才就业的影响》，《中国职业技术教育》2018年第15期。

通常认为机器人比劳动力拥有更高的生产效率、更高的工作精确度以及更低的生产成本，故低技能劳动力将彻底被机器人代替。①

尽管人工智能可以通过促进当前资本积累来实现规模扩张，但它也降低了低技能劳动力的相对边际产出水平，导致利用人工智能技术的企业中低技能劳动力就业的比例较低。企业使用人工智能技术的时间越长，低技能就业的比例就会下降得越多。②

四 人工智能导致就业结构"极化"

已有研究表明，技术进步通常会与高技能劳动力呈现互补关系，与低技能劳动力呈现替代关系，由此技术进步可能会导致就业结构出现"极化"现象，即高技能劳动力与低技能劳动力比重上升、中等技能劳动力比重下降的现象。根据前文的分析发现，人工智能能够对高技能劳动力产生创造效应，对低技能劳动力产生替代效应，那么人工智能是否会提升低技能劳动力就业比重？奥特尔和多恩通过引入任务（task）的概念，构建结合不同技能劳动力的任务分布和人工智能技术对不同任务的影响异质性的理论框架。③由于人工智能和不同技能水平的劳动力在执行不同生产任务时的比较优势存在显著的异质性，人工智能在常规性、重复性、程序性的工作任务中具有比较优势，而劳动力在沟通性、服务性的工作任务中具有比较优势，从而导致人工智能对执行不同生产任务的劳动力的替代效应和创造效应也存在异质性，进而导致就业"极化"

---

① 尹振宇、吴传琦：《人工智能的就业效应及其中国启示》，《改革与战略》2019年第2期。

② 谢萌萌等：《人工智能、技术进步与低技能就业——基于中国制造业企业的实证研究》，《中国管理科学》2020年第12期。

③ David Autor and David Dorn, "The Growth of Low-Skill Service Jobs and the Polarization of the US Labor Market", *American Economic Review*, Vol. 103, No. 5, 2013, pp. 1553–1597.

现象。①

人工智能与劳动力在不同特点的工作岗位的比较优势不同，劳动力在创造性、研发性、服务性、交流性的工作领域具有明显的比较优势，②故人工智能在这类工作岗位上可与劳动力互补，创造就业岗位，产生就业创造效应。③这类领域主要包括两类：一类是如科学、工程、设计和管理类等，需要劳动力具备发现问题、解决问题、创新能力以及交流能力的高技能工作岗位；④二是如厨师、服务员、清洁工、家庭护理等，需要劳动力具备与人互动、与环境相适应等能力，同时被人工智能替代成本较高的低技能工作岗位。⑤由于人工智能在重复性、具有特定的工作流程与规律的工作领域具有比较优势，从而对这类岗位的替代也更为明显。这类工作岗位主要包括辅助办公、机器操作与装配等中等技能工作岗位，⑥造成就业率损失。⑦孙早和侯玉琳将劳动力按照教育程度进行划分，研究发现，工业智能化主要降低了对高中和初中教育程度的劳动力的就业需求，同时增加了对大学专科及以上和小学及以下劳动力的需

---

① 王琦、李晓宇：《人工智能对北京市就业的影响及应对》，《中国劳动关系学院学报》2019年第3期。

② Daron Acemoglu and Pascual Restrepo, "Artificial Intelligence, Automation and Work", in Ajay Agrawal, Joshua Gans and Avi Goldfarb eds., *The Economics of Artificial Intelligence*, The University of Chicago Press, 2019, pp. 197 – 236.

③ Maja K. Thomas, "The Rise of Technology and Its Influence on Labor Market Outcomes", *Gettysburg Economic Review*, Vol. 10, 2017, https://cupola.gettysburg.edu/cgi/viewcontent.cgi?article=1065&context=ger.

④ Guy Michaels, Ashwini Natraj and John Van Reenen, "Has ICT Polarized Skill Demand? Evidence from Eleven Countries over Twenty-five Years", *Review of Economics and Statistics*, Vol. 96, No. 1, 2014, pp. 60 – 77.

⑤ Daron Acemoglu and David Autor, "Skills, Tasks and Technologies: Implications for Employment and Earnings", *Handbook of Labor Economics*, Vol. 4, 2011, pp. 1043 – 1171.

⑥ David Autor, Lawrence Katz and Melissa Kearney, "The Polarization of the U. S. Labor Market", *American Economic Review*, Vol. 96, No. 2, 2006, pp. 189 – 194.

⑦ David Autor and D. Dorn, "The Growth of Low-skill Service Jobs and the Polarization of the US Labor Market", *American Economic Review*, Vol. 103, No. 5, 2013.

求，并且在工业智能化发展程度越高的地区，其对高等教育程度劳动力的需求越大。① 因此，人工智能对劳动者的替代效应主要集中在中等技能劳动力，导致中等技能劳动力向高技能领域和低技能领域转移，使就业结构两极的劳动力数量增加，② 表现为中等技能岗位比重下降，低技能岗位和高技能岗位比重上升，产生就业"极化"现象。③ 这一现象在美国、④ 英国、⑤ 中国⑥等世界其他国家⑦均得到证实。

人工智能导致的就业结构"极化"现象可能只会在短期内出现。奥特尔通过分析技术进步对就业结构的影响机制发现，技术进步通过影响工作类型与收入，促使劳动力市场呈现"极化"现象。⑧ 使用能够自动化生产的机器人可以替代劳动力，但替代范围有限，同时这类机器人与劳动力之间具有很强的互补性，可创造新的工作岗位，故在利用机器人提高劳动生产率的同时，还能增加对劳动力的需求。因此，就业"极化"现象可能仅在短期存在，长期会以创造效应为主。

---

① 孙早、侯玉琳：《工业智能化如何重塑劳动力就业结构》，《中国工业经济》2019 年第 5 期。

② 李磊、何艳辉：《人工智能与就业——以中国为例》，《贵州大学学报》（社会科学版）2019 年第 5 期。

③ David Autor, F. Levy, R. Murnane, "The Skill Content of Recent Technological Change: an Empirical Exploration", *Quarterly Journal of Economics*, Vol. 118, No. 4, 2003, pp. 1279 – 1333.

④ David Autor, "Why Are There Still So Many Jobs? The History and Future of Workplace Automation", *Journal of Economic Perspectives*, Vol. 29, No. 3, 2015, pp. 3 – 30.

⑤ Maarten Goos and Alan Manning, "Lousy and Lovely Jobs: The Rising Polarization of Work in Britain", *Review of Economics and Statistics*, Vol. 89, No. 1, 2007, pp. 118 – 133.

⑥ 孙早、侯玉琳：《工业智能化如何重塑劳动力就业结构》，《中国工业经济》2019 年第 5 期；屈小博：《机器人和人工智能对就业的影响及趋势》，《劳动经济研究》2019 年第 5 期。

⑦ Maarten Goos, Alan Manning and Anna Salomons, "Explaining Jobs Polarization: Routing-Biased Technological Change and Offshoring", *American Economic Review*, Vol. 104, No. 8, 2014, pp. 2509 – 2526.

⑧ David Autor, "Why are There Still So Many Jobs? The History and Future of Workplace Automation", *Journal of Economic Perspectives*, Vol. 29, No. 3, 2015.

五 应对人工智能替代效应的教育政策

已有研究发现，人工智能对劳动力就业存在创造效应与替代效应，为了积极发挥人工智能的就业创造效应，将人工智能的就业替代效应导致的不良影响降到最低，应通过制定相关教育政策，不断提高劳动力自身技能与人工智能的匹配度。劳动力需要围绕人工智能技术进行人力资本投资，包括人工智能产品本身的设计、开发、制造、调试和对人工智能产品售后的服务及运行维护等领域，确保他们在其工作岗位面临技术冲击时，本身能有充足的技能可以流动到其他领域就业，并通过后续人力资本投资，努力向上迁移至更高的职位或更先进的就业领域，改变劳动力由于固有知识和技术内涵而被束缚在某个行业或某个工作岗位上的局面，即他们的人力资本需要与人工智能相连接，扩大就业面、降低就业波动的风险与被替代的可能性。[1]

中国高校应积极建设人工智能相关专业，引进高水平人工智能科研团队，优化人才培养模式，精准培养人工智能领域高端人才。为了避免高校毕业生在就业时受到人工智能的冲击，各高校可建立专业预警系统，利用大数据追踪分析学校所设专业、就业岗位以及技术的匹配程度，根据毕业生就业状态及时调整招生计划，尽可能设置与人工智能等新技术呈互补性的专业，避免劳动力与人工智能的替代效应。[2]

---

[1] 张学英：《人工智能下的劳动就业迭代及人力资本投资》，《河北师范大学学报》（教育科学版）2019 年第 3 期。

[2] 万昆：《人工智能技术带来的就业风险及教育因应》，《广西社会科学》2019 年第 6 期。

第二节 人工智能对收入分配的影响

人工智能主要从三个方面对收入分配产生影响：首先，人工智能存在资本对劳动力的分配优势，致使劳动收入份额变化；其次，人工智能通过影响劳动力就业对收入产生影响；最后，人工智能存在高技能劳动力对低技能劳动力的分配优势，导致收入差距。

一 人工智能对劳动收入份额的影响

人工智能通过影响就业与劳动生产率来影响劳动收入份额。一方面，人工智能对就业产生了负向影响，导致劳动收入份额下降。阿西莫格鲁（Daron Acemoglu）和雷斯特雷波（Pascual Restrepo）认为，由于人工智能将替代以往由劳动力执行的工作，出现机器替代劳动力现象，劳动力工资水平下降，因此劳动收入份额也随之减少。[1] 另一方面，人工智能对劳动生产率的推动作用大于对工资的提升作用，从而导致劳动收入份额下降。人工智能的就业替代效应表明，人工智能在提升劳动生产率的同时不会增加对劳动力的需求，而是会降低工资与就业率，致使工人的工资水平与劳动生产率呈不相关关系，因此会减少劳动收入份额。[2]

人工智能对劳动收入份额的影响存在行业异质性。人工智能技术能够推动产业部门间的生产要素流动，导致劳动收入份额变化。人工智能产出弹性的行业异质性与人工智能对传统生产方式的替代弹性决定了生产要素的流动方向。人工智能在劳动密集型产业的产

---

[1] Daron Acemoglu and Pascual Restrepo, "Modeling Automation", NBER Working Paper, No. 24321, 2018, https://www.nber.org/papers/w24321.pdf.

[2] Daron Acemoglu and Pascual Restrepo, "Artificial Intelligence, Automation and Work", in Ajay Agrawal, Joshua Gans and Avi Goldfarb eds., *The Economics of Artificial Intelligence*, The University of Chicago Press, 2019, pp. 197–236.

出弹性更高且生产部门间的替代弹性更低，或人工智能在资本密集型产业的产出弹性更高且生产部门间的替代弹性更高，或人工智能与传统生产方式的替代弹性在劳动密集型产业更高时，人工智能的使用将会导致资本密集型产业比重增加，劳动收入份额随之减少；反之亦然。[①]

二 人工智能对劳动力工资的影响

人工智能与劳动力之间的关系决定着人工智能对劳动力工资水平的影响程度。由于人工智能在科学研发、创造性领域与劳动力互补，因此在这些行业工作的劳动力收入将会显著提高。[②] 如果人工智能替代高技能劳动力，那么高技能劳动力的工资将会下降；如果人工智能替代低技能劳动力，那么低技能劳动力的工资将会下降；如果人工智能未对劳动力就业产生负面影响，则人工智能可通过提高劳动力生产效率与边际产出水平来提高劳动力工资水平。[③]

人工智能对劳动力工资水平的提升作用呈倒"U"形。随着机器人使用范围越来越广，全要素生产率和平均工资都将提高，但从长期来看，人工智能对工资水平的正向提升作用会逐渐下降。当经济发展水平较低时，人工智能的发展将大大提高劳动生产率，显著提升劳动力工资；随着经济水平的不断提高，本就处于较高水平的

---

① 郭凯明：《人工智能发展、产业结构转型升级与劳动收入份额变动》，《管理世界》2019年第7期。

② David Autor, "Why are There Still So Many Jobs? The History and Future of Workplace Automation", *Journal of Economic Perspectives*, Vol. 29, No. 3, 2015, pp. 3 – 30.

③ Daron Acemoglu and Pascual Restrepo, "Robots and Jobs: Evidence from US Labor Markets", *Journal of Political Economy*, Vol. 128, No. 6, 2020, pp. 2188 – 2244; Daron Acemoglu and Pascual Restrepo, "Low-Skill and High-Skill Automation", *Journal of Human Capital*, Vol. 12, No. 2, 2018, pp. 204 – 232.

劳动力工资的上涨速度会逐渐降低。①

三 人工智能对收入差距的影响

人工智能的就业"极化"效应导致收入"极化"。蔡跃洲和陈楠认为人工智能推动的自动化过程，在形成劳动力就业结构两极化趋势的同时，必然会带来收入分配格局的重大变化。在劳动者群体内部，人工智能带来的就业结构变化则会转化为不同群体之间收入差距的扩大。②

人工智能和劳动力结构构成错配，以及劳动力整体受教育程度偏低，可能导致人工智能在中短期内造成较为严重的结构性失业，扩大不同群体间的收入差距。一方面，劳动就业市场的两极化趋势下，原本处于中等收入岗位的劳动者，或者失业或者向低端岗位下滑，从而扩大了劳动者内部的收入差距。另一方面，就业结构调整后，低技能岗位的就业人数增长，竞争更加激烈，工资下行压力持续加大，导致高技能人群与低技能人群之间的工资差距不断扩大，最终表现为收入分配上对高学历、高技能劳动者群体的不断倾斜。③何勤认为，当人工智能技术大规模应用以后，企业主、中高层管理人员的收入会越来越高，在初次分配过程中的财富集中现象会更加凸显。④而失业人员特别是长期被隔绝在劳动力市场以外且没有进行人力资本投资的人员，其职业和岗位适应性越来越弱，在没有社

---

① Georg Graetz and Guy Michaels, "Robots at Work", *Review of Economics and Statistics*, Vol. 100, No. 5, 2018；孟园园、陈进：《经济不平衡条件约束下，人工智能对就业影响效应研究——以经济发展水平为调节变量》，《中国劳动》2019 年第 9 期。

② 蔡跃洲、陈楠：《新技术革命下人工智能与高质量增长、高质量就业》，《数量经济技术经济研究》2019 年第 5 期。

③ David Autor and Anna Salomons, "Robocalypse Now-Does Productivity Growth Threaten Employment?", Paper Delivered to Economics of Artificial Intelligence, Organizers by NBER, Willard Room, Second Floor, Toronto, on Canada, September 13 – 14, 2017.

④ 何勤：《人工智能与就业变革》，《中国劳动关系学院学报》2019 年第 3 期。

会补贴的情况下，收入会越来越低。随着人工智能的发展和"机器换人"的大规模推进，收入差距将进一步拉大，[①] 可能会带来影响社会稳定等衍生问题。[②]

人工智能的发展也会继续拉大不同国家的发展差距。那些掌握核心技术，并且广泛使用人工智能的先进国家可能会获得全球化生产和贸易的更多好处，而那些技术欠发达的落后国家可能被锁定在产业低端，发展处于更加不利的地位。国家之间的收入差距不断扩大，甚至会出现发展水平和收入分配的两极分化。[③]

第三节 本章小结

本章着重对人工智能影响就业与劳动收入份额的国内外相关文献进行系统梳理，研究发现，人工智能影响劳动力就业的研究主要集中在以下五个方面：一是人工智能对劳动力就业的影响机制及实证分析；二是人工智能影响劳动力就业的行业异质性；三是人工智能影响劳动力就业的技能异质性；四是人工智能对就业"极化"的影响；五是应对人工智能替代效应的教育政策。人工智能影响劳动收入份额的研究主要集中在以下三个方面：一是人工智能对劳动收入份额的影响；二是人工智能对劳动力工资水平的影响；三是人工智能对收入差距的影响。

第一，人工智能对劳动力就业影响可划分为替代效应、创造效

[①] Daron Acemoglu and Pascual Restrepo, "The Race between Man and Machine: Implications of Technology for Growth, Factor Shares, and Employment", *American Economic Review*, Vol. 108, No. 6, 2018, pp. 1488–1542.

[②] 王君等：《人工智能等新技术进步影响就业的机理与对策》，《宏观经济研究》2017年第10期。

[③] 谢璐、韩文龙、陈翥：《人工智能对就业的多重效应及影响》，《当代经济研究》2019年第9期。

应和中性影响，同时存在行业异质性、技能异质性。人工智能的使用可能会挤出劳动力就业，造成劳动力冗余；人工智能的发展能够增加非机器工作的劳动力需求，创造新就业岗位。人工智能对就业总量的影响结果存在争议：人工智能的发展减少传统行业劳动力就业，增加新兴行业劳动力就业；减少低技能劳动者就业，增加高技能劳动力就业；短期内存在就业"极化"现象。

第二，人工智能对劳动收入份额、工资水平与收入差距的影响存在差异。人工智能的就业替代效应会减少劳动收入份额，就业创造效应会增加劳动收入份额。人工智能对工资水平的影响随着经济发展水平的提高逐渐降低。人工智能的就业替代效应导致资本要素份额增加，就业"极化"现象将中等技能劳动群体挤出，流向低技能劳动群体，降低了低技能劳动力的工资水平，进一步扩大了高技能劳动力和低技能劳动力的收入差距。

通过梳理文献，可以从以下几个方面进行研究。

第一，重视人工智能发展影响就业的产业溢出效应、空间溢出效应。在现代化产业体系建设过程中，仅仅考察人工智能这一技术的发展对就业的影响，并不能系统、深入、明确揭示这一问题的深层次原因。因此，应从人工智能产业链供应链研究出发，在省级层面、市级层面定量分析人工智能对就业影响效应的基础上，分别从产业溢出效应与空间溢出效应视角考察人工智能对劳动力就业的影响。

第二，将劳动力就业质量研究纳入分析框架。当前，中国正处在由人口红利向人才红利转变的过程中，劳动力市场就业质量的提高不仅关系以高端人才促进人工智能发展，更关系经济社会的全面发展。因此，要将劳动力就业质量纳入研究分析框架，结合当前就业形势，探究人工智能发展对劳动力就业质量的影响及其影响机制，分析促进收入分配合理化的融合路径。

第三，思考人工智能发展过程中的索洛悖论问题。由于人工智能以一种技术创新被引入生产、服务过程中，那么人工智能的发展是否存在索洛悖论，在短期与长期内对劳动生产率的影响是否存在异质性，是否对劳动力就业、劳动收入份额产生影响，都是值得研究的问题。

第 三 章

人工智能影响劳动力就业与收入分配的理论分析框架

第一节 人工智能发展现状与产业链分析

作为新一轮科技革命和产业变革的重要驱动力，人工智能本质上是对人类思维过程的模拟，利用机器学习与数据分析赋予机器拓展类人的智能能力。人工智能产业链可以划分为上游基础层、中游技术层与下游应用层，其中，上游基础层主要包括人工智能芯片、存储器制造、网络设备与服务器等；中游技术层包括生物识别、计算机视觉、自然语言处理、机器学习、深度学习等技术；下游应用层包括各类应用场景的产品或服务。

中国作为制造业第一大国，[1] 建立了世界最完整的现代工业体系，成为全世界唯一拥有联合国产业分类中全部工业门类的国家，[2] 已经形成了包含上游基础层、中游技术层与下游应用层的人工智能全产业链。然而，人工智能产业链上游基础层主导地位的芯片生产

---

[1] 习近平：《新发展阶段贯彻新发展理念必然要求构建新发展格局》，《求是》2022 年第 17 期。

[2] 黄群慧：《中国共产党领导社会主义工业化建设及其历史经验》，《中国社会科学》2021 年第 7 期。

商多为国外厂商，尤其是 ChatGPT 的风靡，使 GPU 厂商英伟达迎来新发展机遇，二者的"硬件软件融合"模式促进了 ChatGPT 在自然语言处理领域取得显著进展。2024 年，OpenAI 发布人工智能文生视频大模型 Sora，标志着视觉算法在生成质量、稳定性等方面取得显著进步。美国在人工智能发展方面具有先发优势，相较而言，中国的超大规模市场、人才储备与新型基础设施建设为人工智能发展奠定了良好的基础，但同时在人工智能基础学科理论创新领域落后于欧美发达国家，在数学、计算机科学、神经科学等学科缺乏原创性的核心技术的突破性创新，"卡脖子"问题突出，直接影响到中国人工智能产业的发展，关系到中国人工智能产业链供应链安全稳定。因此，实现人工智能技术自主可控，是中国发展数字经济的关键科技力量，是提升中国数字经济国际竞争力的必由之路，是保障中国人工智能产业链供应链韧性与安全的关键，更是发展数字经济、发展新质生产力的关键。

为实现科技自立自强、抓住新一轮科技革命的重大战略机遇，中国将人工智能作为实现现代化的核心技术和关键科技力量。2022 年 10 月，党的二十大报告中明确，要"构建新一代信息技术、人工智能、生物技术、新能源、新材料、高端装备、绿色环保等一批新的增长引擎"，同时要"着力提升产业链供应链韧性和安全水平"，"健全国家安全体系"，"增强维护国家安全能力"。2024 年政府工作报告中指出要加快发展新质生产力，深化大数据、人工智能等研发应用，开展"人工智能+"行动，促进数字经济与实体经济深度融合。人工智能作为摆脱传统经济增长方式、生产力发展路径的先进生产力质态，大力发展人工智能产业，强化中国人工智能产业链供应链安全，保障人工智能发展、数字中国建设安全，是目前的工作重点，也是攻克"卡脖子"技术难题的关键。基于上述背景，本节从人工智能产业链构成出发，重点分析人工智能产业链，探讨中国人工智能产业链供应链存在的主要问题，提出提升中国人工智能产业链供应链韧性的对策建议。

一 人工智能产业链的构成

人工智能是新一轮产业革命的核心驱动力，是中国未来重要的经济增长新引擎。从产业链角度来看，人工智能产业链可分为上游基础层、中游技术层和下游应用层。其中上游基础层由硬件设备与软件服务两部分构成，前者包含人工智能芯片研发、传感器制造、存储器制造等；后者包含大数据、算法模型等。中游技术层主要包括通用技术、算法与开发平台。通用技术包括生物识别、计算机视觉与自然语言处理三个部分，其中生物识别包含人脸识别、指纹掌纹识别、虹膜识别等；计算机视觉包含字符识别与图像识别；自然语言处理包含语义分析与语音交互等，其中语音识别是人工智能落地最为成功的技术。算法分为机器学习、深度学习等。机器学习就是让机器拥有与人相同的学习能力，目前被广泛应用于搜索引擎、医疗诊断、自然语言处理、生物识别、数据挖掘等领域；深度学习则是机器学习的延伸，使机器能够模仿、视听、思考人类活动，进而解决复杂识别问题，当前主要集中于数据挖掘、机器学习、自然语言处理等领域。开发平台指 CNTK、TensorFlow、MxNet、Caffe 等操作系统。下游应用层，顾名思义，就是集成各种或多种应用场景的产品或服务。人工智能产业链构成如图 3-1 所示。

当前，占人工智能产业链上游基础层产业主导地位的芯片生产商多为国外厂商，包括三星、英伟达、英特尔、高通等，这些企业通过纵向延伸、横向扩张，在拥有人才与技术的基础上占据了市场主体地位。近年来，随着中国加大研发投入，华为海思、紫光展锐、地平线、寒武纪等国产芯片出现在产业链上游基础层中。芯片技术的不断突破能够使中国在国外技术"卡脖子"情况下争取主动

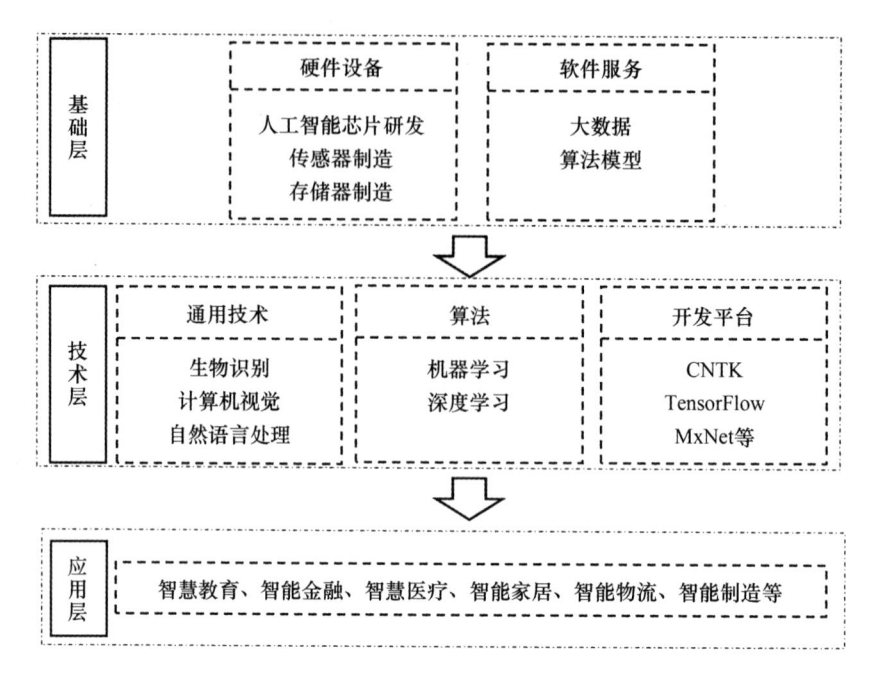

```
┌─────┐  ┌──────────────┬──────────────┐
│基础层│  │   硬件设备    │   软件服务    │
│     │  │ 人工智能芯片研发│    大数据     │
│     │  │  传感器制造    │   算法模型    │
│     │  │  存储器制造    │              │
└─────┘  └──────────────┴──────────────┘
                     ⇩
┌─────┐  ┌────────┬────────┬──────────┐
│技术层│  │ 通用技术 │  算法  │  开发平台 │
│     │  │ 生物识别 │机器学习│   CNTK   │
│     │  │计算机视觉│深度学习│TensorFlow│
│     │  │自然语言处理│      │ MxNet等  │
└─────┘  └────────┴────────┴──────────┘
                     ⇩
┌─────┐  ┌──────────────────────────────┐
│应用层│  │智慧教育、智能金融、智慧医疗、   │
│     │  │智能家居、智能物流、智能制造等   │
└─────┘  └──────────────────────────────┘
```

图 3-1　人工智能产业链全景

资料来源：笔者绘制。

权。人工智能在中游技术层主要集中于通用技术、算法与开发平台领域。就通用技术来说，随着技术革新与应用场景的增多，中国生物识别市场持续保持高速增长态势，主要包括大话科技、海康威视、熵基科技、神思电子等企业。计算机视觉作为研究如何使机器"看"的科学，涉及医疗影像、智慧安防、无人驾驶等领域，目前在中国也进入快速发展阶段，吸引了旷视科技、商汤科技、字节跳动、阿里巴巴等企业进入。自然语言处理作为通用技术中发展较快的领域，代表性企业包括科大讯飞、地平线、SenseTime 等。就算法来说，作为人工智能核心技术的机器学习在互联网、金融、IT 服务行业利用率较高；深度学习作为当前人工智能的主要驱动力，其技术的重大进展使得商业化应用不断突破。因此，很多企业将自己的深度学习架构开源以促进这一行业的发展，如百度的 PaddlePaddle、腾讯的 TNN、华为的 MindSpore、旷世的天元等。中国位于人工智能产业链下游应用层的企业发展更为迅速，目前已经能够产出满足各类应用场景所需的产品。

二　全球人工智能产业链供应链韧性与安全态势

（一）全球人工智能高速发展

人工智能在全球范围内迎来新一轮的快速发展，根据斯坦福大学"以人为本人工智能研究院"发布的《人工智能指数报告（2023）》，[①] 人工智能出版物从2010年的20万余本已经增加了一倍多，于2021年达到49.6万本，其中，涉及模式识别约5.94万本，机器学习约4.26万本，计算机视觉约3万本，算法约2.15万本，数据挖掘约1.92万本，自然语言处理约1.5万本，控制理论约1.16万本，人机交互约1.04万本，语言学约0.67万本。全球各领域人工智能出版物数量排名前十的机构中，中国国内科研院所与高校包揽前9位，包括中国科学院、清华大学、中国科学院大学、上海交通大学、浙江大学、哈尔滨工业大学、北京航空航天大学、电子科技大学、北京大学。2010—2021年，美国和中国在人工智能出版物方面的跨国合作数量最多，增加了近4倍，是中英合作出版的2.5倍。2021年人工智能专利申请数量是2015年的30余倍，增长率达到了76.9%。

人工智能投资、战略部署日益被重视。2020—2021年，人工智能公司的私人投资总额翻了一番，达到了935亿美元。Crunchbase数据库数据显示，2023年第一季度，全球对人工智能的投资就达到180亿美元，相较于2022年的第四季度的97亿美元，增长了近一

[①] Stanford Institute for Human-Centered Artificial Intelligence, "Artificial Intelligence Index Report 2023", https://aiindex.stanford.edu/wp-content/uploads/2023/04/HAI_AI-Index-Report_2023.pdf.

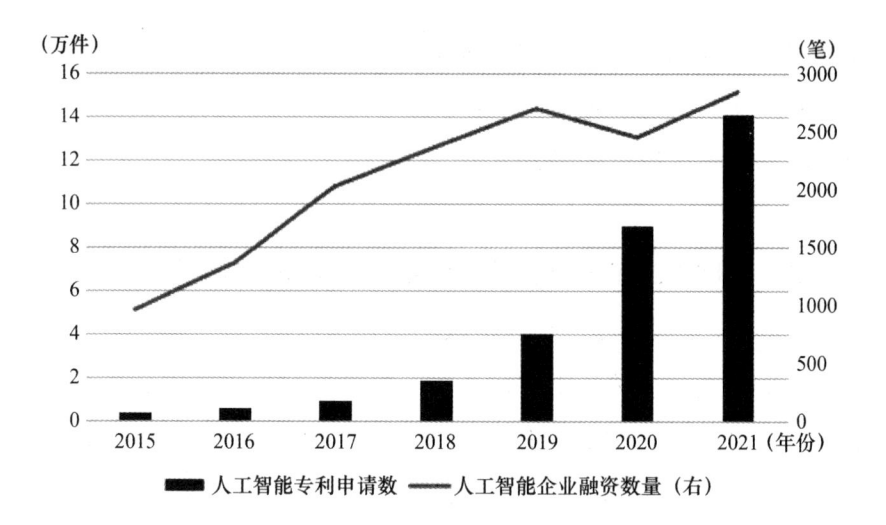

图 3-2 2010—2021 年人工智能专利申请数

资料来源：斯坦福大学 2022 年《人工智能指数报告》；CB Insights, *State of AI（Global | 2021）*, March 9, 2022。

倍。根据 Tortoise 发布的"The Global AI Index Methodology Report"，相较于 2021 年，2022 年世界各国的人工智能创新制度均有所提升，美国、英国、澳大利亚、新加坡与中国的人工智能政策规划提升较高，英国、法国、澳大利亚、新加坡与日本的人工智能治理提升较高。[①]

（二）西方主要国家垄断产业链上游

人工智能发展依赖于上游芯片市场的发展，海外芯片龙头企业占垄断地位。依据人工智能技术架构，可将芯片分为 CPU、GPU、FPGA、ASIC。在 CPU 市场上，AMD 上升势头迅猛，英特尔市场占有率有所下降，但仍有较大的优势。在 GPU 市场上，国外企业仍占垄断地位，尤其是应用在人工智能场景的服务器 GPU 市场中，

---

① Tortoise, "The Global AI Index Methodology Report", https：//www.tortoisemedia.com/wp-content/uploads/sites/3/2023/07/AI-Methodology-2306-4.pdf.

英伟达与AMD在软件与硬件上占据绝对领先地位。Gartner数据显示，英伟达在全球AI芯片市场的市占率预计达到90%，远高于其他芯片企业。① 中国人工智能芯片市场的需求持续扩大，国内芯片市场布局集中在ASIC芯片，尚未形成芯片—平台—应用的场景，高端芯片主要依赖于海外进口，但已经涌现出如寒武纪、四维图新、北京君正、芯原股份等上市公司。随着"卡脖子"对国内芯片进口的限制，人工智能芯片的国产化、量化生产有望进一步加快。

（三）紧抓人工智能发展机遇，加大人工智能研发

人工智能技术在2022年取得突破性进展。OpenAI发布聊天机器人程序ChatGPT，一石激起千层浪，迅速风靡全球。人工智能研发公司包括拥有智能语音助手Alexa、自动驾驶技术、人工智能平台AWS的亚马逊，拥有AlphaGo人工智能围棋程序的谷歌，拥有人工智能聊天机器人、人工智能平台Azure的微软，拥有人工智能问答系统、云计算平台的IBM公司，拥有自然语言处理、计算机视觉技术的苹果公司，专注于GPU研发、Jetson计算平台的英伟达公司。根据《全球人工智能创新指数报告（2022）》，美国人工智能创新指数已经连续4年位居全球首位，中国连续3年位居世界第二。2020—2022年，人工智能相关论文数量不断增长，尤其是涉及环境、地理、材料等基础学科的人工智能相关论文比重从5%上升到10%。② 2023年5月，美国发布《国家人工智能研发战略计划》（"National Artificial Intelligence Research and Development Strategic Plan"），强调支持人工智能研发的重要性，优先投资下一代人工智能技术，推动科学发展与创新，为新一代技术突破提供动力，明确

---

① 李昆昆、李正豪：《英伟达独占九成市场　中国AI芯片迎头赶上》，《中国经营报》2024年3月18日。

② 王春：《中国人工智能发展成效显著》，《科技日报》2023年7月7日。

长期投资基础和负责任的人工智能研究。[①]

三 人工智能产业链供应链韧性的指标体系选择

党的二十大报告指出，中国产业链供应链安全有很多重大问题需要解决。为了提升产业链供应链韧性和安全水平，2023年7月，中共中央政治局召开会议分析研究当前经济形势和经济工作时指出，要加快培育壮大战略性新兴产业，打造更多支柱产业。要推动数字经济与先进制造业、现代服务业深度融合，促进人工智能安全发展。作为"卡脖子"的关键核心技术，中国人工智能产业不仅要不断增强其产业链供应链韧性，还要将人工智能产业安全摆到更加突出的位置。

任意一个产业链供应链都具有网络化、复杂性、动态化、多样化的特征，产业链上任一节点受到冲击会波及其他节点，从而对整个产业链供应链造成风险，为抑制这种风险，亟须提升产业链供应链韧性。产业链供应链韧性是指在产业链供应链运行过程中尽可能保持产业链供应链完整性的能力，故具有韧性的产业链供应链体系能够抵御突发重大事件对一国经济带来的负面影响。因此，它至少应该包括四个方面的内容：（1）遇到风险的适应能力；（2）抵御风险的抵抗能力；（3）风险过后的恢复能力；（4）动态调整的创新能力。为遵循选取全面、逻辑清晰、数据可得、度量可行等原则，本节构建的指标体系尽可能从权威统计年鉴数据库中搜集、获取数据，从而在不改变原始数据经济含义的基础上客观反映人工智能产业链供应链韧性情况。

---

① Select Committee of Artificial Intelligence of the National Science and Technology Council, "National Artificial Intelligence Research and Development Strategic Plan（2023 update）," https：//www.nitrd.gov/pubs/National-Artificial-Intelligence-Research-and-Development-Strategic-Plan – 2023 – Update.pdf.

基于此，本节构建包含适应能力、抵抗能力、恢复能力与创新能力在内的 4 个维度的人工智能产业链供应链韧性指标体系（见表 3-1）。其中，适应能力的二级指标主要关注对外依存度以及全球占有率；抵抗能力的二级指标主要有高技术制造业企业数、高技术企业利润、高技术企业竞争力以及资产配置情况；恢复能力的二级指标主要包括政府支持、产业受控制程度、新型基础设施建设情况；创新能力主要包括创新人员投入、创新经费投入、创新产出与创新质量 4 个二级指标。

表 3-1　　　　　人工智能产业链供应链韧性指标体系

维度指标	二级指标	三级指标	指标类型
适应能力	对外依存度	人工智能进出口贸易额占比	负向（-）
	全球占有率	中国人工智能产品销售额/全球销售额	正向（+）
抵抗能力	高技术制造业企业数	高技术制造业企业数	正向（+）
	高技术企业利润	高技术企业利润占比	正向（+）
	高技术企业竞争力	高技术企业主营业务收入占比	正向（+）
	资产配置	资产负债率	负向（-）
恢复能力	政府支持	政府资金	正向（+）
	产业受控制程度	购买国内技术经费支出	正向（+）
	新型基础设施建设	新型基础设施建设投资占比	正向（+）
创新能力	创新人员投入	R&D 人员/全部从业人员	正向（+）
	创新经费投入	R&D 经费内部支出	正向（+）
	创新产出	人工智能专利申请数	正向（+）
		人工智能专利授权数	正向（+）
	创新质量	人工智能发明专利占比	正向（+）

四　中国人工智能产业链供应链韧性的现状

根据设计的指标体系，本节参考崔彦哲和赵林丹的研究，[①] 利

---

① 崔彦哲、赵林丹：《基于交叉熵的无偏赋权法》，《数量经济技术经济研究》2020 年第 3 期。

用交叉熵无偏赋权法确定指标权重。首先，对指标进行标准化处理。利用交叉熵无偏赋权法要求所有变量均为正数，因此需要对标准化处理后的指标进行正向化处理。其次，计算第 i 个省份每个指标值在整个指标中所占的比重，计算第 i 个省份 j 指标的交叉熵熵值：

$$c\_e_{ij} = -\sum_{k=1}^{14}\sum_{t=1}^{10} P_{ijt} \ln P_{ikt}$$

再次，将标准化的交叉熵熵值映射到 [0，1] 上：

$$w\_ce_{ij} = \frac{1}{1+e^{-std\_ce_{ij}}}$$

最后，确定第 i 个省份 j 指标的权重：

$$cw_{ij} = \frac{1-w\_ce_{ij}}{14-\sum_{j=1}^{14} w\_ce_{ij}}$$

本节人工智能专利相关数据来自国家知识产权局专利检索统计数据，检索整理得到 2011—2020 年 30 个省级行政区人工智能相关专利申请与授权数据；其余指标数据来自中国统计年鉴、中国科技统计年鉴、中国劳动统计年鉴、中国高技术产业统计年鉴、中国第三产业统计年鉴、中国工业统计年鉴，以及国家统计局网站、世界银行数据库和各省份统计年鉴，考虑到数据的可获得性、口径一致性等原则，剔除具有部分数据缺失的西藏自治区，以及不易获取数据的中国香港、中国澳门和中国台湾地区。

（一）总体情况

根据人工智能产业链供应链韧性指标体系，本节利用交叉熵无偏赋权法对中国各地区产业链供应链韧性进行计算，具体结果如表 3-2 所示。表 3-2 中的指数以 2011 年为基期，反映 2012—2020 年各省份相对于基期的变化情况。整体来看，2011—2020 年，中国各省份人工智能产业链供应链韧性逐步增强。2011 年，30 个省份平均人工智能产业链供应链韧性为 24.88，各省份之间差异较小，但是整体水平也较低。得分最高的北京的人工智能产业链供应链韧性指数也只有 72.17，与指数标准的最高值 100 相比仍有较大差距。2020 年，各省份平均人工智能产业链供应链韧性指数上升至 449.44，并出现明显的集聚。其中，北京、天津、上海、浙江、江苏、广东作为沿海省份，分别属于京津冀、长三角与珠三角地区，经济发展质量高，其人工智能产业链供应链韧性较高，属于第一梯队。包含成渝城市群的四川，高校数量较多的湖北、陕西，位于东部沿海地区的山东、安徽、福建，人工智能产业链供应链韧性均处于全国第二梯队。这两类区域具有人工智能发展的先发优势，产业发展完备，技术创新基础扎实，具备较高的人工智能产业链供应链韧性，已初步成为中国人工智能发展的核心区域。其余指数分数较低的是综合发展水平相对较低的地区，属于人工智能产业链供应链韧性的第三梯队。

表 3-2　　　　中国各省份人工智能产业链供应链韧性指数

	2011 年	2012 年	2013 年	2014 年	2015 年	2016 年	2017 年	2018 年	2019 年	2020 年
北京	72.17	94.25	106.99	146.86	198.19	316.56	507.48	1302.90	1861.96	2684.19
天津	26.62	33.73	35.47	40.98	47.82	69.41	76.34	154.22	220.44	305.14
河北	14.01	16.13	18.51	20.91	23.75	25.84	29.96	50.45	60.24	70.00
山西	14.79	15.97	19.01	20.59	21.75	23.59	22.18	34.75	33.29	36.79
内蒙古	23.56	23.60	24.96	22.01	20.33	17.88	23.95	29.49	32.52	33.60
辽宁	28.05	28.08	29.11	32.80	43.06	67.42	58.60	124.42	145.88	179.13
吉林	23.41	22.48	24.49	23.73	31.92	38.84	45.29	58.15	59.95	77.12
黑龙江	17.63	20.66	22.85	27.82	35.28	47.55	44.19	85.47	100.79	124.96
上海	41.83	43.38	50.47	58.77	81.66	117.81	181.11	462.60	741.12	1017.63
江苏	61.34	70.89	75.24	90.49	116.91	157.08	204.51	515.71	924.36	1196.57
浙江	33.66	38.73	48.59	56.94	67.43	101.07	144.77	362.22	596.35	1112.15
安徽	18.60	24.69	27.78	35.59	48.98	58.18	77.70	155.29	236.15	321.08

续表

	2011年	2012年	2013年	2014年	2015年	2016年	2017年	2018年	2019年	2020年
福建	21.63	22.00	22.82	30.52	31.12	54.46	68.19	149.08	234.93	310.15
江西	15.53	17.83	19.33	19.29	24.73	27.95	34.81	52.24	75.18	86.01
山东	34.85	41.32	43.78	46.01	64.27	69.34	98.19	217.65	341.05	467.71
河南	16.52	18.46	21.77	24.59	27.74	32.43	48.66	100.43	157.11	215.38
湖北	23.23	25.12	32.38	37.27	44.33	69.47	93.83	222.30	350.19	474.29
湖南	19.40	23.28	27.80	28.70	37.22	47.18	61.06	129.59	218.95	325.55
广东	60.05	68.99	85.11	100.22	138.82	228.07	418.47	1148.40	1951.47	2652.72
广西	16.72	20.23	24.10	24.21	24.41	26.27	26.02	43.47	94.06	82.51
海南	18.45	22.40	20.30	22.73	26.09	29.23	32.09	30.36	40.22	50.09
重庆	18.98	21.63	22.47	27.02	36.30	47.49	61.67	141.54	217.63	310.44
四川	25.22	27.12	30.67	35.82	51.44	77.03	112.65	274.01	429.81	589.88
贵州	14.43	13.25	13.24	16.26	19.19	22.44	24.63	39.02	56.25	61.47
云南	13.67	14.00	15.56	15.81	18.46	23.90	28.22	41.46	58.71	75.09
陕西	24.92	29.56	32.93	34.18	41.80	52.33	76.99	158.09	259.35	494.63
甘肃	16.04	16.68	18.94	20.96	24.17	42.26	24.05	29.62	39.17	45.98
青海	9.25	12.14	14.87	12.73	24.98	26.72	20.22	21.40	22.61	20.61
宁夏	12.29	11.57	12.28	11.93	15.33	18.74	21.13	21.95	28.29	34.95
新疆	9.45	9.12	11.69	13.01	17.43	17.31	18.25	22.30	23.24	27.50

（二）国际比较

人工智能产业链基础层的创新难度是人工智能产业链的重中之重，一旦基础层有突破性创新，就势必能够带来技术层与应用层的质的飞跃。目前，全球人工智能产业的基础层相较于技术层与应用层仍处于发展较为缓慢的阶段。中国人工智能产业在发展过程中初步形成了涵盖上游基础层、中游技术层与下游应用层的完整产业链，但相较于美国等发达国家仍有较大差距。美国仍旧处于人工智能产业链供应链的主体地位，是人工智能发展的引领者，尤其是美国长期以来在人力资源培养方面大量投资，致使其在人力、知识等方面遥遥领先。① 虽然中国在全球人工智能产业体系中起步较晚，但总体处于中上游水平。

基于表3-3人工智能产业链供应链韧性的国际指标体系，本节利用交叉熵无偏赋权法对2012—2021年中国省级人工智能产业链供应链韧性进行测算。本节人工智能论文数量来自 Web of Science 核心合集，基于人工智能关键词的人工智能专利数量来自智慧芽全球专利数据库，其余数据来自国家统计局网站与世界银行数据库。

表3-3　　　　人工智能产业链供应链韧性的国际指标体系

维度指标	二级指标	三级指标	指标类型
抵抗能力	对外依存度	计算机、通信和其他服务站进口总额比重	负向（-）
	人工智能竞争力	工业机器人密度	正向（+）
恢复能力	政府支持	政府教育支出总额占 GDP 比重	正向（+）
	资产配置	非金融资产净投资占 GDP 比重	正向（+）
	新型基础设施建设	每百万人中安全网络服务器数量	正向（+）
控制能力	关键技术受控制程度	芯片进口占进口总额的比重	负向（-）
		高科技出口占制成品出口的比重	正向（+）
	产业链安全	知识产权费用收取支付比	正向（+）
创新能力	创新投入	每百万人中 R&D 人员数	正向（+）
		R&D 支出占 GDP 比重	正向（+）
	创新产出	人工智能论文数量	正向（+）
	创新质量	人工智能发明专利占比	正向（+）

根据表3-3中的人工智能产业链供应链韧性的国际指标体系，本节对中国与美国、日本、韩国、德国的人工智能产业链供应链韧性进行测算，结果如表3-4所示。总体来看，从2011—2021年，

---

① 董天宇、孟令星：《双循环战略提升中国人工智能产业竞争力途径》，《科学学研究》2022年第2期。

除日本以外,各个国家的人工智能产业链供应链韧性都在逐步增强,但差距在逐渐扩大。具体来看,美国凭借其在第三次科技革命中的发展成就,在过去的 10 年中,人工智能产业链供应链韧性指数一直在 5 个国家中居于首位,从 76.48 提升至 134.67。进入新发展阶段以来,中国人工智能产业链供应链韧性明显上升。德国 2011 年人工智能产业链供应链韧性指数为 68.23,2021 年缓慢提升到 77.71。日本人工智能产业链供应链韧性指数从 2011 年的 67.46 下降至 56.51。韩国人工智能产业链供应链韧性指数在 2011 年仅为 58.84,2021 年提升到 99.98。

2011—2021 年,国际人工智能产业链供应链韧性出现明显分化。2011 年,中国、美国、德国、日本与韩国的人工智能产业链供应链韧性指数平均水平为 63.66,最大值与最小值之间的差距仅 29.17。2021 年,5 个国家的人工智能产业链供应链韧性指数平均值为 95.79,得分最高的美国与得分最低的日本之间的差距拉大到 78.16。

表 3-4   五国人工智能产业链供应链韧性指数变化

	2011 年	2012 年	2013 年	2014 年	2015 年	2016 年	2017 年	2018 年	2019 年	2020 年	2021 年
中国	47.31	46.75	42.92	48.35	52.20	60.33	67.55	77.59	87.43	94.26	110.10
美国	76.48	71.50	72.88	77.99	82.26	80.53	84.26	98.99	117.70	127.17	134.67
德国	68.23	70.38	71.33	72.02	72.71	73.08	71.00	73.91	76.93	71.77	77.71
日本	67.46	68.42	66.76	61.95	59.28	56.21	57.48	59.66	58.86	56.24	56.51
韩国	58.84	66.20	67.04	75.32	75.03	78.63	82.29	83.54	84.73	87.32	99.98

各个国家人工智能产业链供应链韧性的维度指标得分情况如表 3-5 所示。2021 年,美国人工智能产业链供应链韧性指数达到 134.67,处于第一梯队;中国与韩国分别为 110.10 和 99.98,高于 5 国平均值,处于第二梯队;德国与日本分别为 77.71 与 56.51,

处于第三梯队。分维度来看，美国创新能力得分最高，抵抗能力得分较低；德国恢复能力与控制能力得分最高，创新能力得分最低；日本控制能力得分较高，其余得分均较低；韩国抵抗能力得分最高，恢复能力与控制能力相对较弱；中国抵抗能力与创新能力得分较高，抵抗能力与得分最高的韩国差距较小，创新能力与得分最高的美国存在一定的差距，但控制能力处于第三梯队，得分较低。中国人工智能产业链供应链韧性整体呈现显著的提升趋势，创新能力远远领先于德国、日本，但仍有提升空间，同时创新能力的提升也能作用于抵抗能力、恢复能力与控制能力，因此，为了增强人工智能产业链供应链韧性，中国首先应着力提高创新能力，从而推动恢复能力、控制能力与抵抗能力提升。

表3-5　　五国人工智能产业链供应链韧性的维度指标得分

	总指标	抵抗能力	恢复能力	控制能力	创新能力
中国	110.10	26.88	14.99	6.91	61.31
美国	134.67	17.99	15.59	14.15	86.93
德国	77.71	21.26	20.13	21.72	14.60
日本	56.51	10.39	12.08	16.39	17.56
韩国	99.98	35.22	12.67	7.87	44.22

五　中国人工智能产业链供应链存在的主要问题

通过对比中国与世界领先国家的人工智能产业链供应链韧性指数发现，中国人工智能产业链供应链韧性整体处于中上游，从2011年至今呈现显著的提升趋势，创新能力远远领先于德国、日本，但对产业链供应链的控制能力相对较弱，产业链供应链自主可控有待进一步实现。

（一）缺乏原创性突破性创新

人工智能是新一轮科技革命与产业变革的重要驱动力量，包括机器人、语言识别、图像识别、自然语言处理等交叉学科。世界人工智能专利申请数量多来自中国、美国、韩国、日本与德国，2021年，这五国的人工智能专利授权量占全球总申请量的92.6%，其中，中国与美国的人工智能专利授权数量占全球人工智能专利授权数量的86.7%。中国人工智能发展起步较晚，但是专利申请数量居于5个国家的首位。从所申请专利的技术主题来看，数据挖掘、实时计算、计算机视觉、机器学习、模式识别、算法、计算机工程、计算机图形、数据库、机械工程、计算机硬件、计算机网络、仿真、人机交互与语音识别等领域成为各国人工智能发展的重点领域，美国几乎在各个技术主题均处于世界领先地位，中国在语音识别、数据挖掘、实时计算、计算机视觉等技术主题具有较为显著的优势。尽管目前中国已经基本形成人工智能完整产业链，但中国的人工智能专利多集中于产业链中下游的应用层，关于产业链基础层与技术层的相关专利较少，尤其是芯片、核心电子元器件、算法等关键技术主题、核心技术主题仍与国际领先水平存在差距。从申请专利权人分布来看，美国人工智能专利权人95.7%集中在企业，包括IBM、英特尔、微软、谷歌等企业，而中国高校与研究所是人工智能专利申请的主要机构，这就造成中国人工智能理论发展、技术进步与产业发展的分割局面。

（二）产业链供应链控制能力较弱

中国人工智能发展迅猛，但是产业链供应链的控制能力问题突出。根据本章所构建的人工智能产业链供应链韧性指数，主要利用关键技术受控制程度与产业链安全两个方面对人工智能产业链供应链的控制能力进行衡量，其中，关键技术受控制程度用芯片进口占进口总额的比重、高科技出口占制成品出口的比重进行衡量；产业链安全利用知识产权费用收取与支出比重进行衡量，如果知识产权费用收取费用高于支出费用，则认为本国的相关技术发展更为成熟，对国外技术的依赖程度较低，产业链安全更易被保障；反之，则认为本国对国外技术的依赖程度高，产业链安全存在隐患。指标计算发现，造成中国控制能力较弱的主要原因在于产业链安全程度比较低。在中国各项政策的强势引导下，依托互联网的普及应用、海量的数据以及丰富的人工智能技术应用场景，人工智能实现持续高速发展，正逐渐从追逐者向引领者转变。然而，与优先发展人工智能、处于人工智能发展领先地位的国家相比，中国人工智能发展主要集中在产业链中下游的应用场景，原创技术与基础理论发展迟缓等问题凸显，同时长期以来的芯片依赖进口导致产业链安全存在隐患，这就导致中国人工智能产业链供应链控制能力较弱。

（三）产业链恢复能力有待提升

长期以来，中国依赖进口国外先进关键核心技术与设备，然而随着国际环境发生改变，关键核心技术的管制导致半导体企业被限制向中国交付半导体制造相关设备，中国人工智能产业链供应链的"卡脖子"问题显著。本章利用政府支持情况、资产配置情况与新型基础设施建设情况衡量人工智能产业链供应链的恢复能力，其中，用政府教育支出占 GDP 比重衡量政府支持，用非金融资产净投资额占 GDP 比重衡量资产配置，用每百万人中安全网络服务器数量衡量新型基础设施建设情况。指标计算发现，中国在资产配置方面相对较弱。人工智能的发展离不开资本市场的投入，高昂的研发投入是推动技术创新的关键因素。尽管 2021 年中国人工智能投融资数额相较于 2011 年已经呈现出显著增长的态势，但是与其他国家相比，中国资本市场对技术创新的支持力度有限，部分处于初创阶段、具有创新活力的企业面临融资渠道少、融资能力弱等问题，将严重阻碍人工智能企业的发展。

六 影响中国人工智能产业链供应链韧性和安全的主要因素

（一）研发人工智能的人才因素

人工智能研发人才的长期、稳定、高质量供给是发展人工智能的必要条件。根据 Tortoise 发布的"The Global AI Index Methodology Report"测算的世界主要国家人工智能能力得分，[①] 美国除运行环境、政府战略与密度外，总体与其余分项排得分均最高；中国总体得分较高，但人工智能人才与人工智能密度得分均较低。中国人工智能高质量研发人才力量薄弱制约了中国人工智能产业的发展，造成中国人工智能产业链集中于中下游，缺乏基础层与技术层原创性、突破性创新，产业国际竞争力较弱的局面，导致关键核心技术被"卡脖子"。

表3-6　　　　　　　世界主要国家人工智能能力得分

	类别	总体	人才	基础设施	运行环境	研究	发展	政府战略	商业投资	规模	密度
美国	得分	100	100	100	82.8	100	100	90.3	100	100	60.5
中国	得分	61.5	30	92.1	99.7	54.7	80.6	93.5	43.1	67.8	39.3
新加坡	得分	49.7	56.9	82.8	85.7	48.8	24.4	81.8	26.2	28.1	100
英国	得分	41.8	53.8	61.8	79.5	38.1	19.8	89.2	20	34.6	52.8
加拿大	得分	40.3	46	62.1	93.1	34	18.9	93.4	18.9	31.9	56.9
韩国	得分	40.3	35.1	74.4	91.4	24.3	60.9	91.9	8.3	31.3	57.3
德国	得分	39.2	57	68.2	90.7	29.3	19.5	93.9	10.3	34.7	46.4
日本	得分	33.9	38	80.8	92.4	18.6	22.2	80.3	6.8	32.2	36.4

资料来源：Tortoise, "The Global AI Index Methodology Report", https://www.tortoisemedia.com/wp-content/uploads/sites/3/2023/07/AI-Methodology-2306-4.pdf。

[①] Tortoise, "The Global AI Index Methodology Report", https://www.tortoisemedia.com/wp-content/uploads/sites/3/2023/07/AI-Methodology-2306-4.pdf。

（二）人工智能自身的安全

人工智能作为计算机科学、信息论、控制论、心理学、神经学、数学、哲学等涉及自然科学与社会科学的交叉学科，融合了数据挖掘、计算机视觉、机器学习、深度学习、模式识别、算法、仿真、人机交互与自然语言处理等多种新技术，由这些技术本身引致的安全问题不仅涉及人工智能自身的发展，还会影响到当前社会经济活动的方方面面。

首先，人工智能本身的安全问题。人工智能融合的多项技术本身就会存在一些漏洞，技术结合形成的应用场景将会造成系统性的安全问题。这些漏洞一旦被发现并被恶意利用，将会破坏人工智能应用的正常运转，同时造成信息泄漏、信息滥用、隐私被侵犯等。

其次，数据安全问题。人工智能应用推广过程中，涉及用户数据收集、整理、分析以及应用，人工智能平台与用户对用户数据的使用权、控制权、归属权存在严重的信息不对称问题，且平台往往具有保留用户数据、分析用户数据并获取收益的激励，因此存在数据安全风险。如果人工智能平台的用户为企业，则可能涉及商业机密与客户隐私权，一旦这类数据被泄露，造成的社会影响将会更加恶劣。

最后，算法安全问题。一方面，人工智能程序攻击者向人工智能语料库中的训练集注入被污染的或包含恶意的数据，都将会导致算法中出现错误，并且由于无法定位人工智能程序攻击者，容易造成对用户的人身伤害，造成人工智能数据中毒。另一方面，人工智能程序攻击者通过向检测到的场景增加干扰信息欺骗算法，导致人工智能程序产生错误的预测结果，造成欺骗算法攻击风险。

（三）人工智能产业链结构

中国的人工智能研究处于起步阶段，但面临复杂多变的国际局势，中国亟须在数学、计算机科学、神经学等领域寻求关键核心技术的突破性创新，以解决核心设备、高端芯片、基础理论的"卡脖子"问题。投中研究院研究显示，2023年以来，人工智能国外研究进展包括Meta发布自监督算法data2vec 2.0、谷歌发布的文字—图像生成模型Muse等、斯坦福团队发布的DetectGPT、ChatGPT竞品Claude、Meta公布的人工智能大型语言模型LLaMA等，主要集中在算法、图像生成以及大语言模型等领域；而国内的进展包括能实现手部任务快速识别的新型智能皮肤、促进人工智能临床应用的DeepFundus、百度推出的文心一言，以及商汤科技的中文语言大模型应用平台"商量"，主要集中在识别、应用与大语言模型等领域。

第二节 人工智能影响劳动力就业的理论分析

一 人工智能对劳动力就业影响的基准理论分析

人工智能的发展作为技术进步的特殊形式，一方面能够产生新的工作岗位，促进劳动力就业，产生就业创造效应；另一方面，作为新技术替代已有工作岗位，阻碍劳动力就业。人工智能发展的就业创造效应与替代效应主要对制造业部门、低端服务业部门，以及研发部门的就业产生重要影响。对于制造业部门来说，既有可能因为新技术的产生创造新的工作岗位，又有可能因为技术替代劳动；对于低端服务业部门来说，由新技术替代的劳动力一部分进入新的制造业工作岗位，另一部分则有可能从制造业流入低技能服务业，即低端服务业，从事进入门槛低的劳动密集型行业；对于研发部门来说，研发部门为低端服务业与制造业提供技术，提升其劳动生产率，因此可能会促进研发部门的就业。为了深入分析人工智能对劳动力就业的影响，本节基于制造业部门、低端服务业部门以及研发部门进行理论分析。

（一）研发部门

假设研发部门为低端服务业和低技能制造业提供技术，这类技术以中间品的形式进入制造业部门和服务业部门，价格为 r，研发部门利用高技能劳动力进行生产，生产函数为：

$$I = A(t)L$$

其中，L 是本部门的劳动力，$A(t)$ 为本部门的劳动生产率，是关于时间 t 的单调增函数，即 $A'(t) \geq 0$。

假设研发部门的工资水平为 w，则均衡情况下工资水平等边际产品价值：

$$w = r \cdot \frac{\partial I}{\partial L} = r \cdot A(t)$$

$A(t)$ 单调递增会产生两种效应：第一，中间品价格下降；第二，研发部门工资水平上升，对劳动力具有较高的吸引力，研发部门就业水平提升，因此存在以下假说。

假说 1A：人工智能的发展提高研发部门的就业率。

（二）制造业部门与服务业部门

制造业部门与服务业部门均利用低技能劳动力和中间品进行生产，为 CES 型生产函数：

$$Y = A(aI^\rho + bL^\rho)^{\frac{1}{\rho}}$$

其中，Y 为部门总产出，I 为技术中间品投入，L 为低技能劳动力投入。A 为技术系数；a 是资本对产出的作用系数，b 是劳动对产出的作用系数，有 $a, b \in (0, 1)$，$a + b = 1$；资本劳动替代弹性为 $\sigma = \dfrac{1}{1-\rho}$。

假设制造业部门和服务业部门具有固定的资金投入，企业面临的约束条件为 $wL + rI = \overline{C}$，则企业面临固定投入下的最大化生产问题，构建拉格朗日函数为：

$$\varphi(L,I,\lambda) = A(aI^\rho + bL^\rho)^{\frac{1}{\rho}} - \lambda(wL + rI - \bar{C})$$

一阶条件为：

$$\frac{\partial \varphi}{\partial I} = Aa\left[a + b\left(\frac{L}{I}\right)\right]^{\frac{1}{\rho}-1} - \lambda r = 0 \qquad (3-1)$$

$$\frac{\partial \varphi}{\partial L} = Ab\left[a\left(\frac{I}{L}\right) + b\right]^{\frac{1}{\rho}-1} - \lambda w = 0 \qquad (3-2)$$

$$\frac{\partial \varphi}{\partial \lambda} = -(wL + rK - \bar{C}) = 0 \qquad (3-3)$$

由式（3-1）、式（3-2），消去影子价格 λ 得：

$$\frac{a}{b\left(\frac{K}{L}\right)^{1-\rho}} = \frac{r}{w} \Rightarrow \frac{aw}{br} = \left(\frac{K}{L}\right)^{1-\rho}$$

整理可得：

$$K = \left(\frac{aw}{br}\right)^{\frac{1}{1-\rho}} \cdot L \qquad (3-4)$$

将式（3-4）带入式（3-3）可得：

$$wL + r \cdot \left(\frac{aw}{br}\right)^{\frac{1}{1-\rho}} \cdot L = \bar{C}$$

均衡情况下，制造业部门与服务业部门劳动力就业水平为：

$$L = \frac{\bar{C}}{w + \left(\frac{ar}{b}\right)^{\frac{1}{1-\rho}} \cdot r^{\frac{-\rho}{1-\rho}}} \qquad (3-5)$$

由式（3-5）可知，制造业部门与服务业部门就业水平受技术中间品价格和资本要素替代弹性的影响，即：

当 $0 < \rho < 1$ 时，$\sigma = \frac{1}{1-\rho} > 1$，资本与劳动力之间存在替代关系，此时 $\frac{-\rho}{1-\rho} < 0$。因此，中间品价格 r 下降，则 $r^{\frac{-\rho}{1-\rho}}$ 上升，那么劳动力就业 L 下降。

当 $\rho<0$ 时，$\sigma=\dfrac{1}{1-\rho}<1$，资本与劳动力存在互补关系，此时 $\dfrac{-\rho}{1-\rho}>0$。因此，中间品价格 r 下降，则 $r^{\frac{-\rho}{1-\rho}}$ 下降，那么劳动力就业 L 将会呈现上升趋势。

假设制造业部门资本与劳动力之间为替代关系，服务业部门的资本与劳动力之间为互补关系，但目前制造业部门的机械化生产已经进入比较高级的阶段，机器与劳动力的替换关系早已完成，在人工智能未能在制造业大规模使用的情况下，这一技术的发展对制造业的劳动力就业影响不显著，因此存在以下假说。

假说1B：人工智能的发展对制造业部门就业水平无显著影响。

假说1C：人工智能的发展降低了中间品价格水平，由于服务业部门资本与劳动力互相补充，服务业部门就业水平上升。

二 基于劳动力流动视角的人工智能就业效应的理论分析

（一）模型构建

人工智能集深度学习、跨界融合、人机协同、群智开放、自主操作等特征于一身，将引起不同部门生产方式的深刻变革。除了通过机器人的形式促进制造业部门产业升级，基于机器学习和深度学习等技术的人工智能可为服务业部门就业人员提供决策依据和技术辅助，提高服务效率，促进服务业部门生产方式转型升级。[①] 参考 David Autor 和 David Dorn 的研究成果，[②] 假设人工智能技术以中间品形式参与工业部门和服务业部门生产，两部门均为 CES 生产函数：

---

① 王文、牛泽东、孙早：《工业机器人冲击下的服务业：结构升级还是低端锁定》，《统计研究》2020 年第 7 期。

② David Autor and David Dorn, "The Growth of Low-Skill Service Jobs and the Polarization of the US Labor Market", *American Economic Review*, Vol. 103, No. 5, 2013, pp. 1553–1597.

$$Y_s = [(\alpha_s L_s)^{\varphi} + (\alpha_\gamma I_s)^{\varphi}]^{\frac{\alpha}{\varphi}}$$

$$Y_g = [(\alpha_g L_g)^{\mu} + (\alpha_I I_g)^{\mu}]^{\frac{\beta}{\mu}} \qquad (3-6)$$

其中，I_s 和 L_s 分别为服务业部门投入的人工智能和就业人数。Y_s 为服务业部门产出。α_s、α_γ 和 φ 是参数，$\alpha_s^{\varphi} + \alpha_\gamma^{\varphi} = 1$，$\varphi < 1$。$\alpha$ 衡量服务业部门的生产效率，存在 $0 < \alpha < 1$。服务业部门人工智能与劳动力之间的替代弹性为 $\sigma_s = 1/(1-\varphi)$。I_g 和 L_g 分别为工业部门投入的人工智能和就业人数，Y_g 为工业部门产出。α_g、α_I 和 μ 为参数，$\alpha_g^{\mu} + \alpha_I^{\mu} = 1$，$\mu < 1$。$\beta$ 衡量工业部门的生产效率，存在 $0 < \beta < 1$。工业部门人工智能与劳动力之间的替代弹性为 $\sigma_g = 1/(1-\mu)$。

人工智能的生产函数为：

$$I = L_a e^{\delta t}/\theta \qquad (3-7)$$

其中，L_a 为劳动力投入。$\delta > 0$ 为常数，代表人工智能技术增长率。$\theta = e^{\delta}$ 为参数，表示当时间 $t = 1$ 时，一单位的劳动力生产一单位的人工智能设备：$e^{\delta}/\theta = 1$。人工智能应用于工业部门和服务业部门，因此存在 $I_s + I_g = I$。

(二) 模型求解与均衡分析

居民消费工业品和服务，引入全社会居民消费效用函数：

$$U = [(Y_s - p_I I_s)^{\rho} + (Y_g - p_I I_g)^{\rho}]^{\frac{1}{\rho}} \qquad (3-8)$$

$\rho < 1$ 为参数。工业品和服务之间的消费替代弹性为 $\sigma = 1/(1-\rho)$。假定劳动力数量外生给定，全社会效用最大化的一阶条件为：

$$\frac{\partial Y_s}{\partial I_s} = \frac{\partial Y_g}{\partial I_g} = p_I \qquad (3-9)$$

$$(Y_s - p_I I_s)^{\rho-1} \frac{\partial Y_s}{\partial L_s} = (Y_g - p_I I_g)^{\rho-1} \frac{\partial Y_g}{\partial L_g} \qquad (3-10)$$

整理可得：

$$\alpha \alpha_\gamma (\alpha_\gamma I_s)^{\alpha-1} \left[\left(\frac{\alpha_s L_s}{\alpha_\gamma I_s}\right)^{\varphi} + 1\right]^{\frac{\alpha}{\varphi}-1} = \beta \alpha_I (\alpha_I I_g)^{\beta-1} \left[\left(\frac{\alpha_g L_g}{\alpha_I I_g}\right)^{\mu} + 1\right]^{\frac{\beta}{\mu}-1}$$

$$(3-11)$$

$$\frac{\alpha^{1-\rho}\alpha_s^{\varphi}}{\alpha_{\gamma}^{\varphi}}L_s^{\varphi-1}P_s^{-\varphi}\left[\left(\frac{\alpha_s L_s}{\alpha_{\gamma} I_s}\right)^{\varphi}+(1-\alpha)\right]^{\rho-1}=$$

$$\frac{\beta^{1-\rho}\alpha_g^{\mu}}{\alpha_I^{\mu}}L_g^{\mu-1}P_g^{-\mu}\left[\left(\frac{\alpha_g L_g}{\alpha_I I_g}\right)^{\mu}+(1-\beta)\right]^{\rho-1} \quad (3-12)$$

(三) 数值模拟分析

基于式 (3-11) 和式 (3-12), 通过估计外生参数, 结合工业部门和服务业部门的初始劳动力数量, 可以对两部门劳动力数量变化进行模拟。利用 CSMAR 民营上市企业数据和中国工业企业数据, 将两部门生产函数进行泰勒展开, 可估算出 α、φ、α_s^{φ}、$\alpha_{\gamma}^{\varphi}$、$\beta$、$\mu$、$\alpha_g^{\mu}$、$\alpha_I^{\mu}$ (见表 3-7)。

表 3-7 参数估计结果

参数	α	φ	α_s^{φ}	$\alpha_{\gamma}^{\varphi}$	β	μ	α_g^{μ}	α_I^{μ}
数值	0.8826	-0.0268	0.4311	0.5689	0.8000	0.2341	0.6964	0.3031

注:(1) 本节利用企业产值、营业收入、从业人数和固定资产数量进行估计。(2) 服务业部门数据为 CSMAR 民营上市企业数据中 680 家服务业民营上市企业 2003—2018 年的微观企业数据; 工业部门数据为 2005—2008 年和 2011—2013 年中国工业企业数据库中 24194 家私营企业的微观企业面板数据。

表 3-7 显示, 工业部门资本与劳动力之间存在替代关系, 表现为 $0<\mu<1$。服务业部门资本与劳动力存在弱互补性, 表现为 $\varphi<0$, 且 φ 接近于 0。为估计参数 ρ, 式 (3-8) 可简化为:

$$U=(C_s^{\rho}+C_g^{\rho})^{\frac{1}{\rho}}$$

C_s 为服务消费量, C_g 为制造业产品消费量。设定 p_s 为服务消费价格, p_g 为制造业产品消费价格, E 为总收入。效用最大化目标的条件为:

$$\frac{p_s}{p_g}=\left(\frac{C_s}{C_g}\right)^{\rho-1}$$

可整理成：

$$(\widehat{p_s} + \widehat{C_s}) - (\widehat{p_g} + \widehat{C_g}) = \left(\frac{\rho}{\rho - 1}\right)(\widehat{p_s} - \widehat{p_g}) \quad (3-13)$$

其中，$\widehat{p_s}$ 为服务消费价格变化率，$\widehat{p_g}$ 为工业品消费价格变化率，$\widehat{p_s} + \widehat{C_s}$ 为服务消费额增长率，$\widehat{p_g} + \widehat{C_g}$ 为工业品消费额增长率。参考张月友和刘志彪的研究，① 基于2006—2012年中国统计年鉴中的省级面板数据，本节分别利用衣着加工服务费（clothing）、家庭服务及加工维修服务费（household）、医疗保健服务（health）、个人服务（personal）、通信服务（communication）等消费价格计算服务消费价格变化率 $\widehat{p_s}$；利用工业生产者出厂价格总指数计算工业品消费价格变化率 $\widehat{p_g}$；利用城镇居民在外用餐、食品加工服务、衣着加工服务、家庭服务、通信、教育、文化娱乐服务、医疗保健、其他服务等计算服务消费额增长率 $\widehat{p_s} + \widehat{C_s}$；利用城镇居民扣除服务消费的剩余消费额计算工业品消费额增长率 $\widehat{p_g} + \widehat{C_g}$。参数 ρ 估计结果如表3-8所示。

表3-8　　　　　　　　　　参数 ρ 估计结果

	clothing	household	health	personal	communication
系数	0.2092 ***	0.1789 **	0.1361 **	0.2381 ***	0.1995 ***
	(0.0568)	(0.0795)	(0.0544)	(0.0619)	(0.0676)
ρ	-0.2645	-0.2179	-0.1575	-0.3125	-0.2492

注：（1）括号内的数值为 t 统计量。（2）***、**和*分别代表通过1%、5%和10%显著性水平的检验。下同。

表3-8显示，居民对工业品和服务的需求存在互补关系，表现为参数 $\rho < 0$。国家统计局数据显示，2018年城镇服务业部门总就业人员为7575.3万人，工业部门总就业人员为7672.8万人。以

---

① 张月友、刘志彪：《消费者偏好与中国服务业发展难题———一般均衡框架下的证据》，《经济学动态》2012年第10期。

2018年为初始年份，取 $\rho = -0.2179$，分别模拟 $\delta = 0.01$、0.05 和 0.1 三种情景下工业部门与服务业部门的相对就业变化。模拟结果如图 3-3 所示。

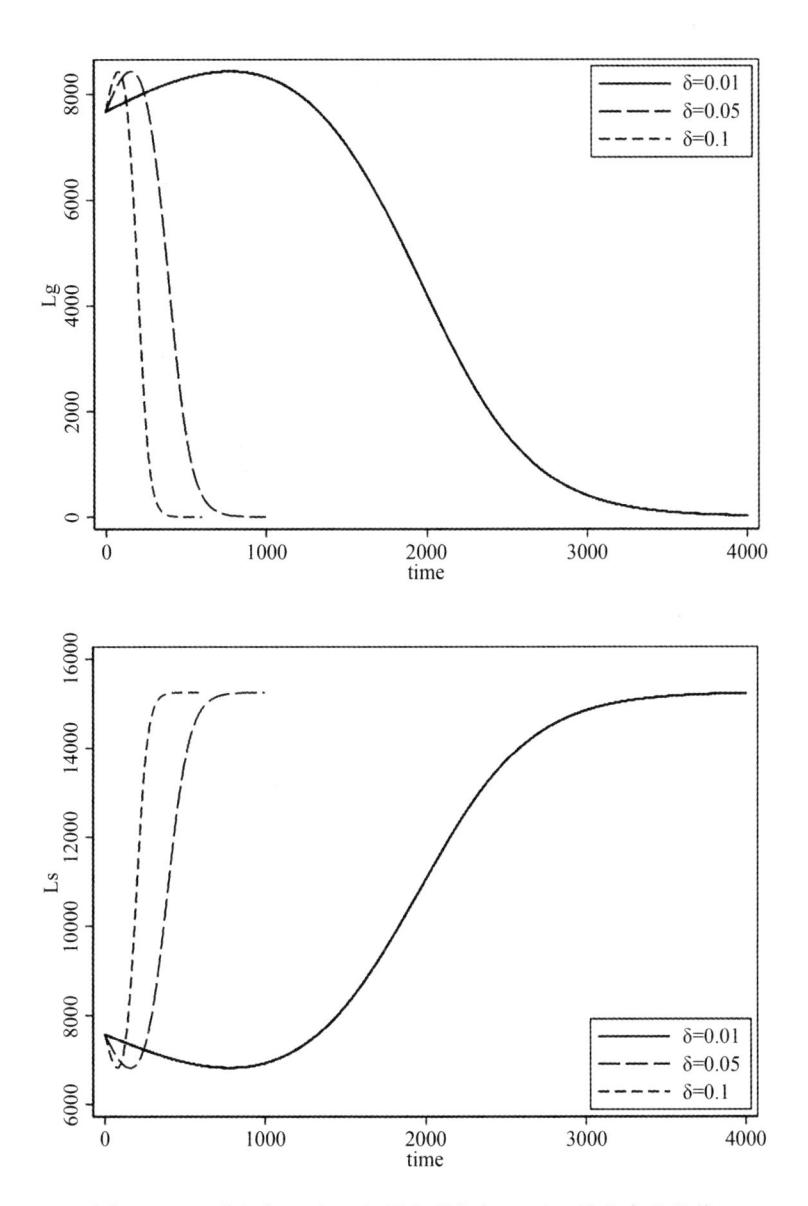

图 3-3 工业部门（上）与服务业部门（下）就业变化趋势

图 3-3 显示，人工智能部门技术增长率 δ 越高，人工智能对工业部门和服务业部门就业的影响将越迅速，但变化趋势基本相同。在早期，人工智能发展推动工业部门生产效率提升，降低生产成本，促进就业岗位的增加。① 由于工业部门资本对劳动力的替代性高于服务业部门，整体而言，人工智能发展导致劳动力由工业部门向服务业部门流动。基于这一现象，本节提出如下假说。

假说 2A：从劳动力部门分布格局来看，人工智能发展导致劳动力由工业部门向服务业部门流动。

人工智能的智能化特点，促进产业结构升级，进而影响劳动力的行业分布格局。一方面，智能化导致人工智能可从事大量体力劳动和部分脑力劳动，对工业部门和服务业部门的低端行业均具有就业替代效应。工业部门尤其是制造业的工作岗位因具有重复性、可程序化的特点，其劳动力与人工智能存在替代关系。形如工业机器人的人工智能技术在焊接、喷漆和组装等复杂工作中可大规模替代劳动力，② 将在原有技术水平的基础上进一步替代劳动力。工业部门剩余岗位依赖于劳动力的自主决策和技术掌控能力，③ 该领域人工智能的就业替代效应较弱。对于服务业部门而言，移动互联网、云计算等新一代信息技术的加速发展和应用，为人工智能的机器学习和深度学习技术提供了充实的数据基础。通过采集语音、面容、情绪等相关信息，基于背后的数据和算法支撑，人工智能的数据分析和预测效果大幅提升，可以为消费者提供初级服务，替代部分脑

---

① 蔡跃洲、陈楠：《新技术革命下人工智能与高质量增长、高质量就业》，《数量经济技术经济研究》2019 年第 5 期。

② 孔高文、刘莎莎、孔东民：《机器人与就业——基于行业与地区异质性的探索性分析》，《中国工业经济》2020 年第 8 期。

③ David Autor, Frank Levy, Richard Murnane, "The Skill Content of Recent Technological Change: An Empirical Exploration", *Quarterly Journal of Economics*, Vol. 118, No. 4, 2003, pp. 1279 – 1333.

力劳动。例如小度智能屏、智能商场导购机器人、餐厅点菜机器人等人工智能服务，短期内虽无法提供与劳动力相同质量的服务，但对相似岗位的就业替代效应已初步显现。服务业部门剩余岗位依赖于劳动力的设计、开发、创新能力。人工智能与该领域劳动力以互补关系为主，替代效应逐渐转变为创造效应。另一方面，人工智能作为新一轮技术革命的代表，将有效促进工业化与信息化深度融合、低端产业向高端产业升级。高端产业依赖劳动力交流、分析、开发、创新等能力，存在人工智能与劳动力的互补关系，产生就业创造效应。总之，无论是工业部门还是服务业部门，人工智能在低端产业产生就业替代效应，在高端产业产生就业创造效应。基于前文的分析，本节提出如下假说。

假说2B：从劳动力行业分布格局来看，人工智能发展导致劳动力由低端产业向高端产业流动。

人工智能发展的区域差异，将深刻改变劳动力的空间分布格局。在人工智能发展水平较高的地区，人工智能得以普遍应用。人工智能发展有效促进了产业结构升级。低端产业劳动力已基本被替代，高端产业的迅速发展产生显著的就业创造效应。人工智能对就业的影响以创造效应为主。在人工智能发展水平较低的地区，产业结构升级程度较低。高端产业的低水平发展限制了人工智能的就业创造效应。人工智能对就业的影响以替代效应为主。创造效应和替代效应的区域异质性导致劳动力跨区域流动。基于前文的分析，本节提出如下假说。

假说2C：从劳动力空间分布格局来看，人工智能发展导致劳动力由人工智能发展水平较低的地区向发展水平较高的地区流动。

三　基于产业溢出效应的人工智能就业效应的理论分析

人工智能通过影响工业部门就业，对其他行业生产方式产生深刻影响，带来对劳动力就业的产业溢出效应，具体表现为产业融合机制与产业关联机制。

第一，产业融合机制。人工智能与传统产业深度融合，与以信息技术发展"互联网＋"、实现"信息化与工业化的高层次深度融合"类似，加速推动传统产业优化升级，催生新产业、新业态、新模式，创造新职业、新岗位，从而增加就业岗位、扩大就业总量。2019—2021年，人力资源和社会保障部先后公布四批56个技能人员新职业，多集中在高新技术领域、新兴产业与现代服务业，其中工业机器人系统操作员、工业机器人系统维运员、物联网安装调试员、智能制造工程技术人员、智能硬件装调员、网约配送员、人工智能训练师、区块链应用操作员、服务机器人应用技术员、工业视觉系统运维员等职业均为人工智能产业与传统产业融合发展创造的新工作岗位。例如网约配送员作为人工智能催生新业态创造的新职业，人工智能不仅能够快速匹配订单与配送员，并且能够规划配送路线，还能指导配送员将订单物品快速配送至订单指定地点。

第二，产业关联机制。进入新发展阶段以来，居民收入水平持续提高，能够获得的商品、服务的种类、数量大幅增加，居民消费结构逐渐从满足生存的消费向个性化、服务性的消费转变。因此，人工智能从需求和供给两个方面提升工业与服务业的关联性。在需求端，人工智能有效提高了制造业的生产效率、降低了制造业生产成本，促进生产规模扩大，降低产品价格，导致居民个性化、服务性消费需求增加，故人工智能不仅推动了服务业发展，同时还增加了服务业就业岗位。在供给端，人工智能通过提高制造业生产效率、推动制造业规模扩张，扩大就业总量。人工智能以机器学习、深度学习技术为核心，能够有效处理语音、图形等非结构化数据，从而使企业能够更加快速、准确地获取消费者的个性化需求信息，将消费者需求与供给相匹配，推动产业向服务业延伸，实现产业服务化。产业服务化过程需利用劳动力发挥设计、研发等技能，产生新的劳动力需求，有利于抵消人工智能对制造业的就业替代效应，从而扩大就业总量。

基于前文的分析，本节提出以下假说。

假说3A：人工智能对劳动力就业存在产业溢出效应。

普遍来说，人工智能与劳动力在不同工作领域具有不同的比较优势，人工智能通常在重复性、常规性、程序化等工作领域具有比较优势，而劳动力在创新、研发、沟通等服务领域具有比较优势，自动化技术的发展将发挥劳动力的比较优势，增加对该领域劳动力的就业需求。① 与传统技术进步相比，人工智能最明显的特征是使机器更加智能，因此人工智能的发展也会对部分服务业部门的劳动力带来替代效应，造成失业风险，② 人工智能机器利用深度学习已经将人工完成的部分非常规任务转变为可由机器完成的常规任务。③ 中国电子学会发布的《中国机器人产业发展报告（2021年）》明确指出，目前服务业的机器人已经与人工智能技术充分融合，包括语言处理、计算机视觉、语音识别等技术，逐渐从初级的送餐机器人、扫地机器人向更高级的医疗手术机器人、商业清扫机器人、教育机器人、大厅引导机器人等方向延伸，对服务业领域的部分常规工作岗位产生显著的替代效应，但对人力资本密集型如研发创新、护理等就业岗位，产生的替代效应较小。由此，本节提出以下假说。

假说3B：人工智能对就业的产业溢出效应集中于高端服务业。

---

① Daron Acemoglu and David Autor, "Skills, Tasks and Technologies: Implications for Employment and Earnings", *Handbook of Labor Economics*, Vol. 4, 2011, pp. 1043 – 1171.

② M Chui, J Manyika, M Miremadi, "Where Machines Could Replace Humans and Where They Can't（Yet）", *McKinsey Quarterly*, Vol. 30, No. 2, 2016, pp. 1 – 12.

③ 王军、常红：《人工智能对劳动力市场影响研究进展》，《经济学动态》2021年第8期。

四 基于空间溢出效应的人工智能就业效应的理论分析

从 2018 年的人工智能专利申请数量可以发现，中国人工智能专利申请数排名前十位城市包括北京、上海、广州、深圳、天津、南京、杭州、武汉、成都、西安，人工智能专利申请数量之和占全国申请数比重达到 71.41%，[①] 中国初步形成人工智能技术的"中心—外围"空间分布格局。因此，人工智能的集聚性特征使得空间溢出效应成为人工智能影响劳动力就业的重要机制，具体表现如下。

第一，空间辐射机制。人工智能技术发展的中心城市往往具有较高的人工智能发展程度与经济集聚水平，更有利于人工智能新设备、新机器、新平台、新服务等应用成果的诞生。这些应用成果通过人口、资本、技术、产品等载体在外围城市进行跨地区流动、推广应用。人工智能通过辐射带动外围城市的产业升级与经济发展，产生增加外围城市就业岗位需求量的空间辐射机制。

第二，空间关联机制。随着区域专业化分工的深化，区域之间通过产业链形成上下游关系，区域之间的产业关联性表现为空间关联性。[②] 中心城市人工智能的发展将显著推动自身产业升级，在提高生产效率、增加产量产值的同时，对产业链上下游产生关联效应，持续扩大上游产业需求、降低下游产业生产成本，[③] 从而刺激位于外围地区的人工智能上下游产业追加资本和劳动力投入，增加劳动力就业岗位。因此，基于中心城市与外围城市上下游产业的空间关联性与空间协同性，中心城市的人工智能发展可有效带动外围

[①] 数据来源：国家知识产权局专利检索统计数据。检索关键词为机器学习和深度学习。
[②] 张可：《经济集聚与区域创新的交互影响及空间溢出》，《金融研究》2019 年第 5 期。
[③] 孔高文、刘莎莎、孔东民：《机器人与就业——基于行业与地区异质性的探索性分析》，《中国工业经济》2020 年第 8 期。

城市上下游产业发展，并通过空间关联机制增加外围城市的就业吸纳能力。

基于前文的分析，本节提出以下假说。

假说 3C：中心城市人工智能发展的空间溢出效应有利于扩大外围城市就业量。

中心城市人工智能发展对外围城市就业的空间溢出效应并非全局性的。大多数服务业在城市之间具有不可交易性，生产过程与消费过程需要面对面进行，① 这削弱了城市之间服务业的产业关联性。中心城市人工智能发展通过空间辐射机制带动外围城市服务业就业的有效性受到外围城市自身服务业发展条件的影响。考虑到服务业发展程度依赖于当地人口密度，由于外围城市人口密度具有异质性，中心城市人工智能发展对外围城市的服务业就业也具有异质性影响。外围城市的人口密度越高，城市服务业市场就越大。中心城市人工智能发展通过空间辐射机制能够更好地促进外围城市服务业发展，从而提高外围城市服务业就业量。外围城市人口密度越低，城市服务业市场就越有限。中心城市人工智能发展通过空间辐射机制受限于这类外围城市的服务业市场规模，对外围城市服务业劳动力就业的影响较小。与服务业不同，制造业具有较高的城市间可交易性和较强的城市间上下游关系。中心城市人工智能发展对外围城市制造业部门的劳动力就业空间溢出效应相较于服务业更加显著。基于前文的分析，本节提出以下假说。

假说 3D：中心城市人工智能发展对外围城市制造业部门就业具有显著的空间溢出效应。

假说 3E：如果外围城市人口密度越高，那么中心城市人工智

---

① 钟粤俊、陆铭、奚锡灿：《集聚与服务业发展——基于人口空间分布的视角》，《管理世界》2020 年第 11 期。

能发展对外围城市服务业部门就业的空间溢出效应越显著。

第三节 人工智能影响劳动力就业质量的理论分析

一 就业质量概念界定

就业质量一词起源于国际劳工组织在第 87 届国际劳工大会上提出的"体面的劳动"（decent work）[①]：所谓"体面的劳动"，包括劳动者的权利得到保护、有足够的收入、充分的社会保护和足够的工作岗位等方面。国际劳工组织制定了一套衡量各国"体面劳动"的主要指标体系，包含不可接受的工作、就业机会、合宜的工作时间、足够的收入和生产性工作、工作的稳定性与安全性、兼顾工作家庭与个人生活、安全工作环境、社会公平待遇、社会对话与劳动关系、社会保障、经济和社会因素 11 个方面。[②] 欧盟委员会提出工作质量（quality of work）指标，主要包含工作内在质量，技能、终身学习与职业发展，性别平等，健康与工作安全，灵活性与安全性，包容性与劳动力市场进入，工作与生活平衡，社会对话与员工参与，多样性与非歧视性，总体工作表现 10 个方面。欧洲基金会制定了工作与就业质量（quality of job and employment）指标，包括职业与就业安全、健康与福利、技能培养、工作与日常生活的协调性 4 个方面。从广义和狭义角度来看，广义的体面劳动包含了就业数量与就业质量两方面内容，狭义的体面劳动主要反映就业质

[①] 李贤华:《制定"劳工标准"倡导"体面劳动"国际劳工组织的建制》,《人民法院报》2016 年 4 月 29 日。

[②] 曹兆文:《国际劳工组织体面劳动衡量指标探要》,《人口与经济》2011 年第 6 期。

量的情况。①

已有文献参考国际劳工组织体面劳动的衡量标准构建了指标体系，对就业质量展开深入研究。Rafael M. Llorente 和 Enrique F. Macías 认为，由于工作满意度能反映工作的特征，故将工作满意度作为衡量就业质量的指标。② 杨河清和李佳构建了工作条件、劳动关系、社会保障等 3 个维度指标、12 个二级指标的就业质量评价指标体系。③ 赖德胜等基于国际劳工组织的体面劳动、欧盟委员会的工作质量指标、欧洲基金会的工作和就业质量指标以及上述三个机构的统一指标——就业质量，构建涵盖就业环境、就业能力、就业状况、劳动者报酬、社会报酬和劳动关系 6 个维度指标、20 个二级指标以及 50 个三级指标的就业指标评价体系。④ 苏丽锋和陈建伟在考虑地区就业质量因素的基础上，结合新时代劳动力对就业质量的价值判断，选择 15 个综合构成就业质量的微观指标，包括劳动报酬、就业稳定性、社会保护、职业发展、工作生活平衡度、社会对话、员工关系、劳动安全、劳动合同、培训机会、工作强度、工作与专业匹配度、加班及待遇、工资发放以及职业受尊重程度。⑤ 张抗私和史策将工资、工作自主性和工作满意度作为评价劳动力就业质量的指标。⑥

---

① United Nations Economic Commission for Europe, "Measuring Quality of Employment: Country Pilot Reports", *Geneva: United Nations*, 2010, https://unece.org/fileadmin/DAM/stats/publications/Measuring_quality_of_emploment.pdf.

② Rafael M. Llorente and Enrique F. Macías, "Job Satisfaction As an Indicator of the Quality of Work", *Journal of Socio-Economics*, Vol. 34, No. 5, 2005, pp. 656–673.

③ 杨河清、李佳:《大学毕业生就业质量评价指标体系的建立与应用》,《中国人才》2007 年第 15 期。

④ 赖德胜等:《中国各地区就业质量测算与评价》,《经济理论与经济管理》2011 年第 11 期。

⑤ 苏丽锋、陈建伟:《我国新时期个人就业质量影响因素研究——基于调查数据的实证分析》,《人口与经济》2015 年第 4 期。

⑥ 张抗私、史策:《高等教育、个人能力与就业质量》,《中国人口科学》2020 年第 4 期。

二 人工智能影响就业质量的作用机制

人工智能的快速应用依赖于深度学习与机器学习技术的发展，深度学习和机器学习算法的成熟应用使当前超大规模数据资源产生巨大的使用价值。人工智能会对部分劳动力就业产生替代效应，造成失业风险。尽管如此，技术的合理应用、数据资源的深度使用更易使劳动力将自身技能与工作岗位相匹配，推进社会保障全面数字化转型，完善劳动力就业保护制度，进而提升就业质量。

人工智能对工资水平的影响主要取决于人工智能技术与劳动力之间的关系，从而对劳动者就业质量产生影响。若人工智能在研发类、创新型、抽象型领域与劳动力具有互补性，则其会显著提高劳动力的劳动报酬；[1] 若人工智能发展替代高技能劳动力，则高技能劳动力工资将会降低；若人工智能发展替代低技能劳动力，则低技能劳动力工资将会降低。若人工智能对劳动力就业无显著影响，则能通过提高劳动力生产率，提高劳动力工资水平。[2] 随着机器人的推广使用，劳动生产率与平均工资均会有所增长，当经济发展水平较低时，人工智能的发展将大大提高劳动生产率，显著提升劳动力工资；随着经济水平的不断提高，本就处于较高水平的劳动力工资的上涨速度会逐渐减缓。[3] 因此总体来看，人工智能的发展能够提升劳动者报酬，从而提升就业质量。

---

[1] David Autor, "Why Are There Still So Many Jobs? The History and Future of Workplace Automation", *Journal of Economic Perspectives*, Vol. 29, No. 3, 2015, pp. 3 – 30.

[2] Daron Acemoglu and Pascual Restrepo, "Low-Skill and High-Skill Automation", *Journal of Human Capital*, Vol. 12, No. 2, 2018, pp. 204 – 232; Daron Acemoglu and Pascual Restrepo, "Robots and Jobs: Evidence from US Labor Markets", *Journal of Political Economy*, Vol. 128, No. 6, 2020, pp. 2188 – 2244.

[3] Georg Graetz and Guy Michaels, "Robots at Work", *Review of Economics and Statistics*, Vol. 100, No. 5, 2018, pp. 753 – 768；孟园园、陈进：《经济不平衡条件约束下，人工智能对就业影响效应研究——以经济发展水平为调节变量》，《中国劳动》2019 年第 9 期。

人工智能的快速发展，也为推进公共服务数字化、智能化、精准化提供了技术支持，从而能够改善劳动力就业保护状况，推动就业质量提升。一方面，人工智能技术可推进企业、医院、养老院等机构资源数字化，形成公共服务数字化台账。依托于机器学习和深度学习的人工智能技术可将大量就业相关的非结构化数据进行数字化，有利于政府全面掌握本地社会保险、养老保障等相关信息。另一方面，人工智能技术有利于推进政府运行方式、业务办理和服务模式的数字化、智能化，提高公共服务办事效率。利用人工智能技术，搭建智能化政务服务中心，实现办事流程简单化、行政审批线上化、公共服务人性化，提高劳动者社会保险参保比例和业务办理效率，有利于改善劳动力就业保护状况。

　　基于前文的分析，本节提出以下假说。

　　假说4A：人工智能发展有利于提升就业质量。

　　假说4B：提高劳动者报酬、改善劳动力就业保护状况是人工智能发展提升就业质量的重要机制。

　　作为新一代信息技术的代表，人工智能是否对就业质量产生显著影响，依赖于当地是否已经有相应的硬件与软件条件作为支撑。以人工智能改善劳动力就业保护状况为例，若某一地区在政府治理过程中已经具备了较高的数字化程度，该地区在应用人工智能发展的新技术、新成果提升自身数字化治理水平时，可有效利用已有的计算机通信设备、信息技术服务以及配套的人才队伍，就能快速掌握人工智能发展的最新成果，充分发挥人工智能发展对劳动力就业质量的正向作用。与之相反，若某一地区自身数字化程度较低，在面对人工智能发展的新技术、新成果时，由于缺乏相应的软硬件条件以及配套的人才队伍，将无法及时发挥人工智能发展对就业质量的作用。基于前文的分析，本节提出以下假说。

　　假说4C：数字化治理水平越高的地区，人工智能发展对就业质量的正向效应越大。

第四节 人工智能影响劳动收入份额的理论分析

劳动收入份额，即为工资与劳动生产率之比，那么工资与劳动生产率作为人工智能影响劳动收入份额的路径，人工智能如何通过工资与劳动生产率的相对变化影响劳动收入份额，是本节需要讨论的问题。若人工智能提升劳动生产率的正向效应小于提升劳动力工资的正向效应，则发展人工智能会提升劳动收入份额；若人工智能提升劳动生产率的正向效应大于提升劳动力工资的正向效应，则人工智能发展会降低劳动收入份额。基于前文的分析，本节深入分析人工智能通过影响工资和劳动生产率对劳动收入份额的影响效应与作用机制。

一 人工智能通过平均工资影响劳动收入份额

人工智能的就业创造效应对工资存在以下三种影响机制，进而对劳动收入份额产生影响。

一是人工智能在服务业部门与劳动力技能互补，产生就业创造效应，有利于提高服务业部门的工资水平。除在推动生产自动化、替代劳动力就业外，在劳动力具有比较优势的非机器工作领域，人工智能将创造新的工作任务和工作岗位，产生就业创造效应。[1] 随着人们生活水平的提高，居民对个性化、多样化、定制化消费的需求日益增加，服务业领域催生的新业态、新岗位增加对劳动力的需

---

[1] Daron Acemoglu and Pascual Restrepo, "The Race between Man and Machine: Implications of Technology for Growth, Factor Shares, and Employment", *American Economic Review*, Vol. 108, No. 6, 2018, pp. 1488–1542.

求，并且为了给消费者提供更为精确的服务，这些工作岗位需要更多人工智能所不具备的且仅有人才具备的能力，如灵活应变的沟通、明确需求的判断等。此外，人工智能这一新技术的研发需要不断引入更多的科学研究人员。因此，人工智能在服务业部门产生就业创造效应，提升服务业部门的工资水平。

二是人工智能有利于促进企业规模扩张，产生就业创造效应，提升工资水平。工业机器人的使用能够提升劳动生产率，增强企业竞争力，降低产品价格，导致产品需求上升，带动企业产出规模的扩张，进而增加企业对劳动要素投入的需求，[1] 产生就业创造效应，促进工资水平提升。

三是人工智能通过技术扩散效应，有利于在其他企业产生就业创造效应，提升工资水平。中国人工智能技术创新扩散在2016—2017年出现增长拐点，上市公司数量持续增长，成为扩散的爆发期，[2] 随着人工智能的不断升级，以及"机器换人"进程的推进，新技术扩散对劳动力就业的影响日益显著。人工智能在替代劳动减少部分就业岗位的同时，能通过创造效应增加部分就业岗位，从而对替代效应产生抑制作用。[3] 技术扩散是智能化升级促进低技术密度部门就业人数增加的重要途径，低技术密度部门受到高技术密度部门技术扩散的影响，产生正向的就业效应，[4] 从而提升工资水平。

---

[1] 李磊、王小霞、包群：《机器人的就业效应：机制与中国经验》，《管理世界》2021年第9期。

[2] 王佰川、杜创：《人工智能技术创新扩散的特征、影响因素及政府作用研究——基于A股上市公司数据》，《北京工业大学学报》（社会科学版）2022年第3期。

[3] 彭莹莹、汪昕宇：《人工智能技术对制造业就业的影响效应分析——基于中国广东省制造企业用工总量与结构的调查》，《北京工业大学学报》（社会科学版）2020年第5期。

[4] 陈宗胜、赵源：《不同技术密度部门工业智能化的就业效应——来自中国制造业的证据》，《经济学家》2021年第12期。

二 人工智能通过劳动生产率影响劳动收入份额

蓬勃发展的人工智能与趋于平缓的劳动生产率之间的关系，体现了人工智能的推广应用如同其他新技术一样，存在索洛悖论。①

从短期来看，一方面，人工智能的推广应用需要较长时间，因此短期内人工智能对劳动生产率的影响较小。通常来说，一种通用目的技术（general purpose technology）的扩散过程可分为识别阶段、导入阶段、生产协同阶段与成熟阶段，② 也就是新技术的研发、试验、应用与推广阶段。人工智能作为一种新的通用目的技术，于20世纪50年代被提出，但由于计算机数据处理方面的局限，使其在识别阶段耗费了40余年，直至计算机在模式识别和预测方面改进后再次进入飞速发展阶段。人工智能的识别、导入阶段将会促使大量资源从生产部门转移出来进行互补性投资，③ 随后这一新技术会通过核心产业不断向外围产业扩散，直至推广至可被应用的各个产业，且这些都需要较长时间的调整磨合，人工智能对劳动生产率的推动作用需要较长时间才能体现。另一方面，人工智能的引进，劳动力需要花费大量时间学习、研究如何操作，这一阶段的企业对人工智能技术与中间产品的研发部门均需要引进大量的研发人员，并且新技术的学习促使中低端劳动力向高端劳动力攀升，同时低技能劳动力在技术尚未扩散之时并未被大量挤出。因此，在短期内，人工智能的发展对劳动生产率的带动作用有限，同时会提高劳动收

---

① Erik Brynjolfsson, Daniel Rock, Chad Syverson, "Artificial Intelligence and the Modern Productivity Paradox: A Clash of Expectations and Statistics", *NBER Working Paper*, No. 24001, 2017, https://www.nber.org/system/files/working_papers/w24001/w24001.pdf.

② 程文：《人工智能、索洛悖论与高质量发展：通用目的技术扩散的视角》，《经济研究》2021年第10期。

③ Elhanan Helpman, Manuel Trajtenberg, "A Time to Sow and a Time to Reap: Growth Based on General Purpose Technologies", *NBER Working Paper*, No. 4854, 1994, https://www.nber.org/system/files/working_papers/w4854/w4854.pdf.

入份额。

从长期来看，随着计算机算法的发展，人工智能这一技术推广应用的中间产品数量与日俱增，新技术与各产业之间的联系也越发紧密，在"人工智能＋制造"的条件下，工业智能制造将带动人机交互方式的升级，工业机器人与工人之间更高效、更灵活的协作将大幅度提升制造业生产率。新技术通过中间产品这一产业逐渐扩散到外围产业，在人工智能的应用推广阶段将会提升劳动生产率，且具有长期作用。因此，长期内，随着人工智能发展逐渐提高劳动生产率，人工智能对劳动收入份额的影响逐渐不再显著。

基于前文的分析，本节提出如下研究假说。

假说5A：人工智能的发展能够提高平均工资水平，从而提高劳动收入份额。

假说5B：短期内，人工智能对提高劳动生产率作用有限；人工智能能够通过提高工资水平提升劳动收入份额。

假说5C：长期内，人工智能有利于提升劳动生产率，对劳动收入份额无显著影响。

第五节　本章小结

人工智能影响劳动力就业与收入分配的理论分析框架是后续分析的基石，需要厘清人工智能影响劳动力就业的所有理论路径。本章遵循理论框架的要求，按照提出问题—分析问题—得出假设—规律求证—实践应用的逻辑脉络进行论证：一是研究人工智能产业、产业链以及产业链韧性，厘清中国人工智能发展现状，为本书的后续研究奠定基础；二是理论分析人工智能对劳动力就业的总体影响、行业异质性、技能异质性、产业溢出效应与空间溢出效应；三是理论分析人工智能对就业质量的影响，明确数字化治理条件下人工智能发展对就业质量的作用机制；四是理论分析人工智能对劳动收入份额的影响效应、作用机制，思考人工智能在发展过程中是否存在索洛悖论，分析长期内人工智能发展对劳动生产率与劳动收入份额的影响。

第 四 章

人工智能发展对劳动力就业的影响研究

长久以来,技术进步如何影响劳动力就业一直是学术界讨论的热点问题。不同的技术进步对就业的影响不同,比如机械化生产技术,明确通过一些新型技术设备替换之前由劳动力完成的任务,加之中国当前税收政策中的机器设备税收抵扣政策,企业往往有动力利用机器替代劳动力,机械化生产会降低对劳动力需求。但是,由自动化催生出的新工作岗位与低技能要求服务业能够吸收自动化技术所替代的那部分劳动力的就业,即新岗位的出现提升了劳动力就业,因此,技术进步对劳动力就业的影响不能简单地归为降低或提升,而且技术进步可能会给每个拥有不同技能的工人带来不同的影响,也会对不同部门的劳动就业产生异质性。当前,中国经济正处于转变发展方式、优化经济结构、转换增长动力的关键时期,数字经济蓬勃崛起。党的二十届三中全会将人工智能等战略性产业的发展提升到新质生产力的高度,要"完善生成式人工智能发展和管理机制",同时"建立人工智能安全监管制度"[①]。

---

① 《中共中央关于进一步全面深化改革 推进中国式现代化的决定》,《人民日报》2024 年 7 月 22 日。

在鼓励"人工智能+实体经济"发展的背景下,人工智能发展如何影响中国劳动力就业,对不同部门、不同区域的影响是否存在异质性,不仅关系到中国是否能从高增长阶段顺利转变为高质量发展阶段,而且对于深度分析人工智能发展的就业效应、提高劳动报酬在初次分配中的比重、实现共同富裕,具有十分重要的学术意义和现实意义。

近年来,人工智能与机器人等新技术的飞速发展引起社会各界的广泛关注。2017年,国务院印发的《新一代人工智能发展规划》明确人工智能的迅速发展将深刻改变人类社会生活、改变世界。为抢抓人工智能发展的重大战略机遇、维护国家安全的重大战略,部署人工智能三步走战略目标:2020年实现与世界先进水平同步,成为重要经济增长点;2025年基础理论实现重大突破,智能社会建设取得积极进展;2030年成为世界主要人工智能创新中心,跻身创新型国家前列。[1]

人工智能被称为继机械化、电气化、自动化之后的又一次科技变革,根据历次科技革命的经验,人工智能的发展与推广必将对劳动力市场产生新的影响,进而对经济发展产生影响。这种背景下,研究人工智能的发展如何影响劳动力就业,对落实人工智能发展规划、促进"创新"与"共享"理念的深度融合具有重要意义。

已有研究预计新技术将会对全球各地的就业产生影响,[2] 对自动化等新技术的应用影响就业产生了较高程度的担忧。[3] 尽管如此,

---

[1] 《国务院关于印发新一代人工智能发展规划的通知》,2017年7月8日,中国政府网,https://www.gov.cn/zhengce/content/2017-07/20/content_5211996.htm。

[2] McKinsey, "Jobs Lost, Jobs Gained: Workforce Transitions in a Time of Automation", McKinsey Global Institute, 2017, https://www.mckinsey.com.

[3] Pew Research Certer, "Automation in Everyday Life", 2017, http://www.pewinternet.org/2017/10/04/automation-in-everyday-life/.

当前人工智能和机器人等新技术如何影响劳动力市场尚未得到令人满意的结论。学术界关于人工智能影响劳动力市场的论争通常从两方面展开：一方面认为人工智能的技术进步将终结人类工作，造成大规模失业；另一方面则认为由于技术的突破、劳动力需求的增加，就业率将会由此提升。当代学者对技术进步影响就业结构的研究主要集中于以下几类。

第一，在影响就业率方面，技术进步对就业的影响存在"就业创造效应"与"就业损失效应"。一方面，新技术的产生导致劳动力冗余，[1] 产生"技术性失业"，技术进步必然替代工人，导致失业人数增加，并且新技术的应用将降低制造业就业水平。[2] 另一方面，技术进步创造就业机会，新技术的应用提升就业率。[3] 这种观点在第三次技术革命之后盛行，为了推动技术进步，学者纷纷反驳技术替代劳动力，认为技术能在很大程度上降低失业率，降低产品成本，进而促使需求增加，企业规模扩大，最终增强整个经济吸纳就业的能力，创造新的就业岗位，[4] 体现为增加对非机器工作的劳动力的需求。[5] 技术进步在短期内可能增加摩擦性失业，长期内对

---

[1] 姚战琪、夏杰长：《资本深化、技术进步对中国就业效应的经验分析》，《世界经济》2005 年第 1 期；David Autor, "Why Are There Still So Many Jobs? The History and Future of Workplace Automation", *Journal of Economic Perspectives*, Vol. 29, No. 3, 2015, pp. 3 - 30; Philippe Aghion, Benjamin F. Jones, Charles I. Jones, "Artificial Intelligence and Economic Growth", *NBER Working Paper*, No. 23928, 2017, https：//www.nber.org/system/files/working_papers/w23928/w23928.pdf。

[2] 朱轶、熊思敏：《技术进步、产业结构变动对我国就业效应的经验研究》，《数量经济技术经济研究》2009 年第 5 期。

[3] 叶仁荪、王光栋、王雷：《技术进步的就业效应与技术进步路线的选择——基于 1990 ~ 2005 年中国省际面板数据的分析》，《数量经济技术经济研究》2008 年第 3 期。

[4] Sacristán Díaz, Quirós Tomás, "Technological Innovation and Employment: Data from a Decade in Spain", *International Journal of Production Economics*, Vol. 75, No. 3, 2002, pp. 245 - 256.

[5] David Autor, "Why Are There Still So Many Jobs? The History and Future of Workplace Automation", *Journal of Economic Perspectives*, Vol. 29, No. 3, 2015, pp. 3 - 30; Daron Acemoglu and Pascual Restrepo, "The Race between Man and Machine: Implications of Technology for Growth, Factor Shares, and Employment", *American Economic Review*, Vol. 108, No. 6, 2018, pp. 1488 - 1542.

就业无挤出效应。① 除了就业挤出效应，技术进步对劳动力就业更具有补偿效应，作用逻辑是技术进步—降低投入要素中的劳动成本—降低产品价格—提升购买力—增加总需求—促进就业。② Daron Acemoglu 和 Pascual Restrepo 通过分析 1990—2007 年机器人使用的增加量对美国本地劳动力市场的影响，研究发现每一千工人中增加一台机器就会减少 0.18%—0.34% 的就业。③ 已有研究发现，技术进步对长短期就业效应影响不同。④ 对地区就业效应不同：对东部地区来说，技术进步能够降低就业率；对中部和西部地区来说，促进就业增加。⑤ 此外，不同技术进步和创新类型对就业率产生不同影响，资本偏向技术进步阻碍就业。⑥

第二，在影响就业结构方面，技术进步提升对高技能劳动力就业的需求。从内生技术进步⑦和技术替代劳动的行业差异⑧等视角，将部门特点、就业结构、劳动力技能水平相结合进行研究，发现计算机等新技术的发展替代常规的简单生产性工作，导致该行业劳动

---

① Clas Eriksson, "Is There a Trade-Off between Employment and Growth?", *Oxford Economic Papers*, Vol. 49, No. 1, 1997, pp. 77 – 88.

② 彭绪庶、齐建国：《对美国技术进步与就业关系的研究》，《数量经济技术经济研究》2002 年第 11 期。

③ Daron Acemoglu and Pascual Restrepo, "Robots and Jobs: Evidence from US Labor Markets", *Journal of Political Economy*, Vol. 128, No. 6, 2020, pp. 2188 – 2244.

④ 唐国华：《技术创新对我国就业影响的实证分析：1991～2007》，《人口与经济》2011 年第 3 期。

⑤ 胡雪萍、李丹青：《技术进步就业效应的区域差异研究——基于中国东、中、西部地区的比较分析》，《上海经济研究》2015 年第 8 期。

⑥ 王静：《价格扭曲、技术进步偏向与就业——来自第三产业分行业的经验研究》，《产业经济研究》2016 年第 3 期。

⑦ Daron Acemoglu, "Technical Change, Inequality, and the Labor Market", *Journal of Economic Literature*, Vol. 40, No. 1, 2002, pp. 7 – 72.

⑧ David Autor, Frank Levy, Richard Murnane, "The Skill Content of Recent Technological Change: An Empirical Exploration", *Quarterly Journal of Economics*, Vol. 118, No. 4, 2003, pp. 1279 – 1333; David Autor and David Dorn, "The Growth of Low-Skill Service Jobs and the Polarization of the US Labor Market", *American Economic Review*, Vol. 103, No. 5, 2013, pp. 1553 – 1597.

者转移至服务业部门。① 具体来说，机器人的使用减少制造业就业，但增加服务业的就业，② 促进高技能劳动力就业、抑制低技能劳动者就业。③ 技术进步对第一产业就业呈现负向作用，对第二、第三产业的就业具有正向解释力。④ 在科研型、技术型行业增加对技能劳动力的需求，⑤ 即在高科技企业中创造就业、在低技术企业中抑制就业，增加服务业部门劳动力需求、减少制造业部门劳动力需求，⑥ 最终导致就业与工资分化。⑦

不难发现，关于技术进步对就业率、就业结构、就业质量的研究已取得了较为丰富的成果，但较少文献涉及人工智能对就业的影响研究，且这部分研究仍停留在理论探讨层面，对人工智能影响劳动力就业的经验分析研究结论存在争议。那么，中国人工智能发展对劳动力就业产生何种影响，如何影响不同行业的就业，值得深入研究。

---

① David Autor, "Why Are There Still So Many Jobs? The History and Future of Workplace Automation", *Journal of Economic Perspectives*, Vol. 29, No. 3, 2015, pp. 3 – 30.

② Eli Berman, John Bound and Zvi Griliches, "Changes in the Demand for Skilled Labor within U. S. Manufacturing: Evidence from the Annual Survey of Manufactures", *Quarterly Journal of Economics*, Vol. 109, No. 2, 1994, pp. 367 – 397; Eli Berman, John Bound and Stephen Machin, "Implications of Skill-Biased Technological Change: International Evidence", *Quarterly Journal of Economics*, Vol. 113, No. 4, 1998, pp. 1245 – 1279; 朱轶、熊思敏：《技术进步、产业结构变动对我国就业效应的经验研究》，《数量经济技术经济研究》2009 年第 5 期。

③ 杨蕙馨、李春梅：《中国信息产业技术进步对劳动力就业及工资差距的影响》，《中国工业经济》2013 年第 1 期；罗军、陈建国：《中间产品贸易、技术进步与制造业劳动力就业》，《亚太经济》2014 年第 6 期；Daron Acemoglu and Pascual Restrepo, "The Race between Man and Machine: Implications of Technology for Growth, Factor Shares, and Employment", *American Economic Review*, Vol. 108, No. 6, 2018, pp. 1488 – 1542.

④ 杨恺钧、潘娟、王舒：《金融发展、技术进步与区域内就业结构变迁——基于我国东部地区省级面板数据的实证研究》，《经济经纬》2015 年第 1 期。

⑤ Daron Acemoglu and David Autor, "Skills, Tasks and Technologies: Implications for Employment and Earnings", *Handbook of Labor Economics*, Vol. 4, 2011, pp. 1043 – 1171.

⑥ David Autor, Lawrence Katz and Melissa Kearney, "The Polarization of the U. S. Labor Market", *American Economic Review*, Vol. 96, No. 2, 2006, pp. 189 – 194.

⑦ Daron Acemoglu and Pascual Restrepo, "The Race between Man and Machine: Implications of Technology for Growth, Factor Shares, and Employment", *American Economic Review*, Vol. 108, No. 6, 2018, pp. 1488 – 1542.

本章的研究思路如下：首先，构建人工智能影响制造业部门就业、低端服务业部门就业、研发部门就业的理论模型；其次，以2005—2018年中国30个省份的面板数据为样本，探讨人工智能对劳动力就业的影响，分析人工智能对劳动力就业在全国及东部、中部、西部地区的异质性影响；最后，从劳动力就业行业出发，具体分析人工智能对不同区域的制造业部门就业、低端服务业部门就业以及研发部门就业的影响。

本章的主要贡献在于以下三个方面。第一，构建人工智能影响就业的实证分析模型；第二，统计人工智能的专利数据，形成人工智能专利数据库，用以全面、深入、具体分析人工智能对劳动力就业的影响；第三，实证研究人工智能、劳动力就业、行业部门就业的影响效应，为各地区有效提升区域创新能力，在人工智能持续高速发展的背景下，保障就业与经济共同增长提供理论依据与实践参考。

第一节　人工智能影响劳动力就业的模型设定与实证分析

一　模型设定

本章将人工智能发展作为重要的生产要素纳入创新生产函数。考虑到中国幅员辽阔、各地区经济社会发展情况不同以及资源分配不均等因素所带来的异方差负面影响，构建以下模型：

$$\ln te_{it} = \alpha_0 + \alpha_1 \ln aip_{it} + \alpha_2 \ln rd_{it} + \alpha_3 \ln edu_{it} + \alpha_4 \ln ope_{it} \\ + \alpha_5 \ln sc_{it} + \varepsilon_{it} \tag{4-1}$$

其中，t 表示时间，i 表示省份；te、aip、rd、edu、ope、sc 分别表示总就业、人工智能发展程度、R&D投入强度、受教育程度、对外开放程度、技术流动水平；α_0 代表常数项。α_1—α_5 是待估参数；ε_{it}代表随机误差项。

为了具体分析人工智能发展影响制造业、服务业部门的就业情况，本章在式（4-1）的基础上，构建如下模型：

$$\ln emi_{it} = \beta_0 + \beta_1 \ln aip_{it} + \beta_2 \ln rd_{it} + \beta_3 \ln edu_{it} + \beta_4 \ln ope_{it}$$
$$+ \beta_5 \ln sc_{it} + \varepsilon_{it} \qquad (4-2)$$

$$\ln tles_{it} = \gamma_0 + \gamma_1 \ln aip_{it} + \gamma_2 \ln rd_{it} + \gamma_3 \ln edu_{it} + \gamma_4 \ln ope_{it}$$
$$+ \gamma_5 \ln sc_{it} + \varepsilon_{it} \qquad (4-3)$$

$$\ln rdn_{it} = \varphi_0 + \varphi_1 \ln aip_{it} + \varphi_2 \ln rd_{it} + \varphi_3 \ln edu_{it} + \varphi_4 \ln ope_{it}$$
$$+ \varphi_5 \ln sc_{it} + \varepsilon_{it} \qquad (4-4)$$

其中，emi_{it}、$tles_{it}$、rdn_{it}分别表示 i 省份第 t 年的制造业、低端服务业与研发部门的就业人数；β_0—β_5、γ_0—γ_5、φ_0—φ_5 是待估参数；ε_{it}代表随机误差项。

二 变量与数据

本章考察人工智能的发展对劳动力就业的影响。目前，学术界关于人工智能发展指标主要利用上市公司中人工智能企业的数量进行衡量，截至2018年年底，Wind 数据库中所收录的人工智能企业仅有33家，且主要集中于东部沿海地区，利用此数据衡量人工智能发展较为片面。早期的人工智能试图研发真正的智能机器，但受限于计算机技术，人工智能再次进入飞速发展阶段的关键原因就是机器学习与深度学习。① 因此，本章利用中国专利数据库，以机器学习与深度学习为关键词搜索专利授权情况，检索出21118条关于人工智能发展的专利，并将其整合为涵盖中国30个省份2005—2018年的省级面板数据。由于本章研究人工智能发展对就业的影

---

① Daron Acemoglu and Pascual Restrepo, "Demographics and Automation", *Review of Economic Studies*, Vol. 89, No. 1, 2021, pp. 1-44.

响，考虑到技术替代劳动、产生新工作主要影响到的行业为制造业、低端服务业与研发部门，故本章选择各省份的制造业就业人数、低端服务业就业人数与研发部门就业人数为被解释变量。其中，低端服务业依据2002年国民经济行业分类对行业进行划分，选取具有明显特征的部门划分高低端服务业，高端服务业包括金融业、技术研究行业、教育业和传媒业，低端服务业包括交通运输、仓储和邮政业，批发和零售业，住宿和餐饮业，以及租赁和商务服务业。① 本章的核心解释变量为人工智能发展程度。主要控制变量包括：R&D投入强度（rd），利用各省份R&D经费内部支出占生产总值的比重来衡量；受教育程度（edu），利用各省份平均受教育年限来衡量；对外开放程度（ope），利用各省份进出口总额与GDP的比值作为衡量指标；技术流动水平（sc），利用各省份的技术市场成交额与GDP的比值来衡量。

本章使用的数据遵循可获得性、独立性和口径统一等原则，剔除部分数据缺失的西藏以及不易获取数据的中国香港、中国澳门与中国台湾地区，选取2005—2018年中国30个省份的面板数据作为研究样本，数据来自中国统计年鉴、中国科技统计年鉴、中国人口和就业统计年鉴、中国劳动统计年鉴，以及国家知识产权局专利检索统计数据。全国及各区域[②]样本描述性统计结果如表4-1所示。

---

① 陈斌开、陈思宇：《流动的社会资本——传统宗族文化是否影响移民就业？》，《经济研究》2018年第3期。

② 其中，东部地区包括北京、天津、河北、辽宁、上海、江苏、浙江、福建、山东、广东、海南11个省份；中部地区包括山西、吉林、黑龙江、安徽、江西、河南、湖北、湖南8个省份；西部地区包括内蒙古、广西、重庆、四川、贵州、云南、陕西、甘肃、青海、宁夏、新疆11个省份。

表4-1 全国及各区域样本描述性统计

		被解释变量			核心解释变量	控制变量			
		总就业人数	制造业就业人数	低端服务业就业人数	研发部门就业人数	人工智能	R&D投入强度	受教育程度	对外开放程度	技术流动水平
全国	观测值	420	420	420	420	238	420	420	420	420
	均值	5.95	4.45	3.90	2.42	1.90	-4.49	2.16	-1.67	-5.52
	标准差	0.76	1.04	0.80	1.11	1.57	0.64	0.11	0.97	1.29
	极小值	3.71	1.87	1.69	-0.43	0	-6.39	1.85	-3.45	-8.70
	极大值	7.59	6.93	5.70	4.52	6.83	-2.80	2.52	0.59	-1.83
东部地区	观测值	154	154	154	154	109	154	154	154	154
	均值	6.31	5.04	4.38	3.07	2.42	-4.12	2.23	-0.65	-5.14
	标准差	0.77	1.13	0.74	1.12	1.69	0.73	0.11	0.75	1.46
	极小值	4.29	1.93	2.43	-0.43	0	-6.39	2.02	-2.34	-8.59
	极大值	7.59	6.93	5.70	5.62	6.83	-2.80	2.53	0.59	-1.83
中部地区	观测值	112	112	112	112	64	112	112	112	112
	均值	6.14	4.60	3.98	2.60	1.51	-4.54	2.16	-2.23	-5.61
	标准差	0.35	0.46	0.38	0.52	1.26	0.29	0.07	0.35	0.73
	极小值	5.55	3.82	3.32	1.65	0	-5.29	1.95	-3.06	-6.77
	极大值	7.04	5.90	4.87	3.61	4.76	-3.93	2.29	-1.62	-3.54
西部地区	观测值	154	154	154	154	65	154	154	154	154
	均值	5.47	3.74	3.35	1.66	1.35	-4.84	2.09	-2.27	-5.84
	标准差	0.73	0.80	0.75	0.95	1.34	0.52	0.10	0.60	1.34
	极小值	3.71	1.87	1.69	-0.40	0	-6.01	1.85	-3.44	-8.70
	极大值	6.74	5.53	4.59	4.00	5.20	-3.68	2.27	0.44	-3.17

三 实证分析

（一）基准模型

本章首先从人工智能影响劳动力整体就业出发，研究人工智能的发展对全国及三大区域的劳动力就业的异质性影响。为了消除异方差的影响，本章采用稳健标准差进行估计，进行固定效应估计，回归结果如表4－2所示。其中，模型1是全国范围内人工智能发展影响劳动力就业的回归结果，模型2至模型4分别是东部、中部、西部地区的人工智能发展影响劳动力就业的回归结果。从回归分析结果可以看出，人工智能的发展并没有如多数人的预期，造成大规模失业，反而在不同程度上促进了劳动力就业，且对不同区域来说，人工智能对劳动力就业的促进作用表现在对东部地区就业的促进作用最大，西部地区次之，中部地区最小。

表4－2　　　　　基准模型：人工智能影响劳动力就业的分析

	模型1	模型2	模型3	模型4
	全国	东部地区	中部地区	西部地区
人工智能	0.0414 ***	0.0421 **	0.0232 *	0.0341 ***
	(3.90)	(2.00)	(1.77)	(3.34)
R&D 投入强度	0.2086 ***	0.2371 ***	0.3052 ***	0.1318 ***
	(5.41)	(3.92)	(5.08)	(2.75)
受教育程度	1.8198 ***	2.3769 ***	0.8006 *	0.8984 ***
	(5.71)	(3.83)	(1.95)	(3.01)
对外开放程度	0.0247	－0.0993	0.1529 ***	0.0915 **
	(0.52)	(－0.92)	(2.73)	(2.09)
技术流动水平	0.0145	－0.0833	0.0730 **	0.0984 ***
	(0.53)	(－1.30)	(2.31)	(2.09)
常数项	3.2028 ***	1.5508	6.5608 ***	5.0084 ***
	(4.06)	(1.04)	(6.02)	(6.17)
R^2	0.6088	0.6470	0.7269	0.8049

注：(1) 括号内的数值为 t 统计量；(2) ***、** 和 * 分别代表通过1%、5%和10%显著性水平的检验。下同。

考虑控制变量发现，就 R&D 投入强度来说，R&D 投入强度的回归系数均显著为正，且通过1%的显著性水平检验，表明研发投入能显著促进劳动力就业。由于在基准模型中考虑的整体就业情况,所以并未具体分析研发投入是促进了哪一个行业的就业。且从数据来看,研发投入对中部地区劳动力就业的影响高于东部和西部地区。就受教育程度来说,受教育程度均能在一定程度的显著性水平上通过检验,表明受教育程度越高,劳动力就业越多,且人力资本促进东部地区劳动力就业的程度高于西部和中部地区。就对外开放程度和技术流动程度来说,东部沿海发达地区的劳动力就业并不能显著受到对外开放程度与技术流动水平的正向作用,只有中部、西部地区的对外开放和技术流动能够显著促进该地区的劳动力就业。

(二)扩展分析

从理论分析发现,人工智能影响劳动力就业并不只是单一的线性关系,而是对于不同行业、不同区域可能存在复杂的异质性关系。为了解决这一问题,本章着重分析人工智能影响制造业部门、低端服务业部门以及研发部门的劳动力就业情况,回归结果如表4-3所示。就核心变量人工智能发展情况来说,模型5至模型8、模型9至模型12、模型13至模型16分别呈现了全国以及三大区域对人工智能影响制造业、低端服务业和研发部门就业的实证结果,发现人工智能发展对于制造业的就业无显著影响,而是显著促进了低端服务业、研发部门的就业。假说1A、假说1B和假说1C得到验证。这是由于当前人工智能的发展多体现在金融行业的智能支付、量化投资等,汽车行业的自动驾驶算法等,安防方面的人像识别、车辆大数据等,健康产业的医学数据挖掘、医疗设备等,互联网服务方面的语音转写、翻译等,零售业的自助结算、仓储物流管理,企业服务方面的智能营销、供应链管理、IT基础设施等,教育行业的智能评测系统、智能排课、教育机器人,工业的AI芯片、预防性维修、生产优化等方面。这些人工智能的主要应用领域在制造业中的实际投产并不多,而且单纯地以机器替代劳动力在当前来

表4-3　扩展分析：人工智能对劳动力就业的行业异质性分析

	制造业				低端服务业				研发部门			
变数	模型5 全国	模型6 东部地区	模型7 中部地区	模型8 西部地区	模型9 全国地区	模型10 东部地区	模型11 中部地区	模型12 西部地区	模型13 全国	模型14 东部地区	模型15 中部地区	模型16 西部地区
人工智能	0.0160 (0.89)	-0.0022 (-0.06)	0.0334 (1.33)	0.0113 (0.85)	0.0717*** (5.42)	0.1131*** (4.98)	0.0391** (2.24)	0.0727*** (3.71)	0.0722*** (3.19)	0.0252 (0.64)	0.0841** (2.19)	0.1033** (2.52)
R&D投入强度	0.3110*** (4.79)	0.3058*** (2.76)	0.5284*** (4.58)	0.1849*** (2.93)	0.2096*** (4.36)	0.3350*** (4.97)	0.2929*** (3.73)	0.2108** (2.31)	0.3188*** (3.72)	-0.0775 (-0.68)	0.1353 (0.81)	-0.1135 (-0.59)
受教育程度	1.2960** (2.41)	1.6337 (1.44)	0.4847 (0.61)	0.7985** (2.02)	1.8596*** (4.67)	2.0256*** (3.01)	0.5083 (0.96)	1.2722** (2.27)	-0.4190 (-0.62)	0.6758 (0.58)	-1.4400 (-1.21)	-0.0354 (-0.03)
对外开放程度	0.2055** (2.55)	0.0429 (0.22)	0.3583*** (3.33)	0.1892*** (3.26)	0.0579 (0.97)	0.0818 (0.80)	0.0535 (0.72)	0.1399* (1.71)	0.3213*** (3.15)	0.3827* (1.90)	0.5703*** (3.53)	0.0045 (0.03)
技术流动水平	0.0148 (0.32)	-0.0594 (-0.51)	0.0794 (1.31)	0.0424 (1.36)	0.0174 (0.51)	-0.1943*** (-2.88)	0.0915** (2.20)	0.1355*** (3.07)	0.0037 (0.06)	0.1536 (1.29)	0.1083 (1.21)	-0.1264 (-1.32)
常数项	3.6693*** (2.76)	2.5843 (0.95)	7.1970*** (3.44)	3.9568*** (3.85)	1.1061 (1.12)	0.1158 (0.07)	4.8129*** (3.41)	2.7540* (1.87)	3.9976** (2.37)	2.4565 (0.89)	9.0782*** (3.14)	0.7812 (0.25)
R^2	0.2244	0.1434	0.5831	0.5006	0.6110	0.6661	0.6646	0.7401	0.0973	0.0813	0.3532	0.2068

看不属于人工智能这一新技术的范畴，因此，在人工智能未能在制造业大规模使用的情况下，这一技术的发展对制造业的劳动力就业影响不显著。

就区域差异来看，人工智能对东部地区低端服务业的影响高于西部地区，对中部地区的影响最低；对西部地区研发部门的影响高于中部地区，对东部地区研发部门的劳动力就业影响并不显著。对研发部门来说，东部地区集中了中国一部分较高水平、较多数量的高校等科研院所，在这一区域进行科学研发具有较为密集的学术科研交流平台支持。在东部地区选择研发部门就业的群体，不只是受到人工智能的影响，更重要的是，高学历的研发人员需要在更为广阔的学术平台施展自身的学术抱负，因此，在东部发达地区，人工智能未对研发部门的就业产生显著的促进作用。

对控制变量来说，研发投入强度促进制造业、低端服务业的劳动力就业，对全国范围内的研发部门就业也起促进作用，但是对各区域的影响不显著。这是由于研发部门投入强度直接影响到创新产出，而这一创新产出能够作为投入品应用到制造业部门和低端服务业部门，对研发部门自身的促进作用非常有限。受教育程度与全国范围内的制造业就业、低端服务业就业成正比，随着受教育程度的提高，制造业就业与低端服务业就业随之提高；分区域来看，受教育程度仅显著影响了东部地区的低端服务业就业、西部地区的制造业就业与低端服务业就业，对中部地区无显著影响。对外开放程度能够显著促进全国范围内制造业就业和研发部门就业，促进东部地区的研发部门就业、中部地区的制造业就业与研发部门就业、西部地区的制造业就业与低端服务业就业。技术流动水平能够显著抑制东部地区低端服务业就业，显著促进中部地区、西部地区低端服务业就业。

第二节 人工智能影响劳动力就业的稳健性检验

本章已经较为全面地分析了人工智能发展对不同区域、不同行业就业的影响,但是仍旧有两个问题影响着结论的可靠性:一是由于低端服务业包括交通运输、仓储和邮政业等四类行业,那么人工智能的发展是否对这四类行业的影响具有一致性;二是可能存在遗漏变量以及互为因果所导致的内生性问题。因此,本章采用变量替换和工具变量法进行稳健性检验与内生性分析,对结果进行进一步论证。

一 变量替换

本章将交通运输、仓储和邮政业,批发和零售业,住宿和餐饮业,以及租赁和商务服务业划分为低端服务业,且通过实证检验发现人工智能能够显著促进低端服务业的劳动力就业,那么具体来看,人工智能是否能够促进这四类行业的劳动力就业。因此,本章选择以交通运输、仓储和邮政业,批发和零售业,住宿和餐饮业,以及租赁和商务服务业的就业人数作为被解释变量,分别进行实证分析,结果如表4-4所示。人工智能显著促进了交通运输、仓储和邮政业,批发和零售业,租赁和商务服务业的就业,仅对住宿和餐饮业的就业无显著影响。这一结论与前文较为一致。值得注意的是住宿和餐饮业,由于本章关于人工智能这一变量的数据来源于以深度学习与机器学习为关键词进行专利搜索并统计的结果,其中,有关住宿和餐饮业专利不足10项,主要为餐饮销售、菜品销量预测、酒店管理系统等类别,即使将面部图像分析、预测和优化等相关专利一起整合,也不足2200项,仅占到全部人工智能专利的

10%，所以就当前人工智能的发展状况来说，这一新技术未能显著促进住宿和餐饮业的劳动力就业。

表 4-4　　　　变量替换：人工智能影响四类行业就业的分析

	模型17 交通运输、仓储和邮政业	模型18 批发和零售业	模型19 租赁和商务服务业	模型20 住宿和餐饮业
人工智能	0.0645*** (6.24)	0.0700*** (4.11)	0.1328*** (5.98)	0.0147 (0.85)
R&D投入强度	0.1738*** (4.63)	0.2789*** (4.50)	0.1848** (2.29)	0.2317*** (3.68)
受教育程度	1.1788*** (3.79)	2.4303*** (4.74)	2.1212*** (3.17)	2.4445*** (4.69)
对外开放程度	0.1240*** (2.66)	0.0337 (0.44)	-0.0330 (-0.33)	0.0868 (1.11)
技术流动水平	0.0041 (0.15)	0.0152 (0.35)	0.0585 (1.03)	0.0455 (1.03)
常数项	1.4986* (1.95)	-0.9793 (-0.77)	-1.4962 (-0.90)	-1.9933 (-1.55)
R^2	0.5786	05587	0.5961	0.3711

二　工具变量

考虑到研究中可能存在的遗漏变量，以及人工智能发展与劳动力就业之间可能存在的互为因果关系所导致的内生性问题，本章以人工智能的滞后一期作为人工智能发展的工具变量，采用工具变量方法进行回归分析。本章首先对工具变量使用的必要性与所选工具变量的有效性进行检验，发现前文的实证结果存在内生性问题，且此处所选的工具变量合理有效，因此，内生性检验的实证结果如表 4-5 所示，主要变量的估计结果显著性与前文的估计一致，表明人工智能的发展能够促进总体就业、低端服务业以及研发部门的

表 4-5　内生性检验：工具变量法

	模型 21 总就业	模型 22 制造业	模型 23 低端服务业	模型 24 交通运输、仓储和邮政业	模型 25 批发和零售业	模型 26 租赁和商务服务业	模型 27 住宿和餐饮业	模型 28 研发部门
人工智能	0.0731*** (3.34)	0.0249 (0.69)	0.1074*** (4.07)	0.1012*** (4.97)	0.1055*** (3.07)	0.1557*** (4.05)	0.0600 (0.41)	0.0147* (1.86)
R&D 投入强度	0.2134*** (4.55)	0.2552*** (3.29)	0.2156*** (3.81)	0.1873*** (4.29)	0.2856*** (3.87)	0.1857*** (2.25)	0.2062*** (2.98)	-0.0213 (-0.28)
受教育程度	1.6247*** (2.94)	1.4539 (1.59)	1.5074** (2.26)	0.5478 (1.06)	2.5264*** (2.91)	1.6432* (1.69)	2.0854** (2.56)	1.6908* (1.87)
对外开放程度	0.0977 (1.36)	0.2259* (1.90)	0.1402 (1.62)	0.1834*** (2.74)	0.1312 (1.16)	0.0820 (0.65)	0.2208** (2.09)	0.2002* (1.71)
技术流动水平	-0.0224 (-0.56)	0.0021 (0.03)	-0.0158 (-0.33)	-0.0229 (-0.62)	-0.0191 (-0.31)	0.0720 (1.03)	-0.0325 (-0.55)	0.0753 (1.16)
常数项	3.5300*** (2.76)	3.0769 (1.45)	1.8213 (1.18)	2.8554** (2.40)	-1.255 (-0.62)	-0.1955 (-0.09)	-1.5571 (-0.82)	-0.3028 (-0.14)
R^2	0.5268	0.1573	0.5505	0.5063	0.5181	0.6056	0.1852	0.2770

就业，对制造业的促进作用不足；从低端服务业的细分来看，人工智能的发展能够显著促进交通运输、仓储和邮政业，批发和零售业，租赁和商务服务业的就业，对住宿和餐饮业的影响并不显著，这一回归结果更加验证了假说1A、假说1B和假说1C，研究结果具有良好的稳健性。

第三节　本章小结

本章以2005—2018年中国30个省份的面板数据为样本，以深度学习与机器学习的专利数作为衡量人工智能发展的指标，实证考察人工智能对劳动力就业的影响。本章首先利用面板模型验证人工智能对总体劳动力的影响效应；其次对比分析人工智能对不同区域、行业的劳动力就业的异质性；最后利用变量替换和工具变量法进行稳健性检验与内生性分析。本章研究发现：一是人工智能发展对总体劳动力就业具有显著的促进作用，人工智能对制造业就业无显著影响，促进低端服务业与研发部门的就业；二是人工智能影响研发部门就业存在区域异质性，对低端服务业的影响呈现出显著的行业异质性。上述结论在本章考虑稳健性检验与内生性检验之后依旧成立。

本章的研究结论对中国利用人工智能促进劳动力就业具有重要的政策意义。

第一，为充分发挥人工智能的技术优势，加速技术转化率与降低技术使用成本，创造新的工作岗位，促进制造业就业。在构建现代化经济体系的背景下，首先要构建创新引领、协同发展的现代化产业体系，人工智能的发展也为制造业发展带来新机遇。改革开放以来，中国制造业发展已经取得突破性成就，形成了独立完整的产业体系，规模跃居世界第一。当前中国制造业的发展模式正从粗放转为集约、外延转为内涵，尽管如此，中国制造业发展仍有短板，首当其冲的就是较低的劳动生产率，因此，利用人工智能算法优化生产管理，在提升劳动生产率的同时，创造新的工作岗位，促进制造业就业。

第二，为促进人工智能技术的飞速发展，应推进人工智能的核心算法。人工智能归根结底是一个将数学、算法和工程实践相结合的领域，因此在人工智能高速发展的当下，需更加注重推进基础研究，增加研发投入，鼓励科学家勇于探索人工智能核心技术，探究人工智能在发展中所需的理论、方法、工具。充分发挥中国市场优势，利用需求反作用于供给侧的技术革新，把握人工智能的发展特点，为政府制定具有可操作性的"人工智能＋产业"的发展模型提供理论依据。

第三，为促进各区域、各行业的劳动力就业，应加大研发投入、教育投入。就业为民生之本，稳增长的首要任务就是保就业。人工智能的发展曾引发关于大规模失业的恐慌，但是互联网、数字经济、人工智能的兴起创造了大量的新工作岗位，这类新的工作岗位是经济发展、技术进步推动下历史发展的必然产物。因此，为了保证新技术能够不断产生新工作岗位，应加大研发投入；为了保证劳动力能够尽快适应新工作，应增加教育投入，通过培训确保劳动力掌握新的工作技能，帮助劳动力顺利转换就业岗位，以迎接人工智能时代的到来。

第 五 章

基于劳动力流动视角的
人工智能就业效应评估

人工智能是推动中国产业优化升级、经济高质量发展的重大战略科技。2015年国务院颁布《中国制造2025》，提出"发展智能装备和智能产品，推进生产过程智能化"。随后，国务院及各部委先后下发《"互联网+"人工智能三年行动实施方案》《"十三五"国家科技创新规划》《"十三五"国家战略性新兴产业发展规划》等一系列指导性文件，明确了发展人工智能的重要战略意义。2017年印发的《新一代人工智能发展规划》提出到2030年，"形成较为成熟的新一代人工智能理论与技术体系""人工智能产业竞争力达到国际领先水平"的战略目标。党的十九届五中全会提出"推动互联网、大数据、人工智能等同各产业深度融合"。在一系列政策推动下，2017年中国人工智能市场规模达到216.9亿元，同比增长52.8%。截至2019年10月，中国人工智能专利申请量超过美国，位列世界第一。

人工智能的快速发展将深刻改变传统生产生活方式，引发人们对人工智能可能导致大规模失业的担忧。那么，在人工智能成为国家重大战略科技、就业问题居"六稳""六保"之首的背景下，如何妥善化解智能化对就业造成的可能冲击？在促进人工智能发展的同时能否实现稳就业目标？对这些问题的研究，有助于政策制定者和劳动力更好地预判人工智能发展背景下就业总量和分布格局的变化特征，在推动人工智能发展的过程中创造新的就业机会，让科技发展更好地服务于人民生产和生活需要。

目前，学术界就人工智能对劳动力就业的影响是替代效应和创造效应并存基本已经形成广泛共识。[1] 一方面，人工智能发展降低机器设备成本，[2] 促进企业为降成本以机器设备替代劳动力，[3] 提高生产的自动化程度，[4] 造成就业的替代效应；[5] 另一方面，人工智能发展也存在就业的创造效应。人工智能除了通过降低企业生产成本、提高机器设备生产效率等方式扩大生产规模、[6] 创造非机器工作岗位，[7] 人工智能技术的应用将与劳动力所具有的比较优势相结合创造新的就业岗位，如人工智能系统的调试员、讲解员和维护员等。[8]

替代效应多集中于工业部门，创造效应多出现在服务业部门，

---

[1] Philippe Aghion, Benjamin F. Jones, Charles I. Jones, "Artificial Intelligence and Economic Growth", *NBER Working Paper*, No. 23928, 2017, https://www.nber.org/system/files/working_papers/w23928/w23928.pdf.

[2] Daron Acemoglu and Pascual Restrepo, "The Race between Man and Machine: Implications of Technology for Growth, Factor Shares, and Employment", *American Economic Review*, Vol. 108, No. 6, 2018, pp. 1488–1542.

[3] David Autor, Lawrence Katz and Melissa Kearney, "The Polarization of the U. S. Labor Market", *American Economic Review*, Vol. 96, No. 2, 2006, pp. 189–194.

[4] Maarten Goos, Alan Manning and Anna Salomons, "Explaining Jobs Polarization: Routine-Biased Technological Change and Offshoring", *American Economic Review*, Vol. 104, No. 8, 2014, pp. 2509–2526；孙早、侯玉琳：《工业智能化如何重塑劳动力就业结构》，《中国工业经济》2019年第5期。

[5] Terry Gregory, Anna Salomons, Ulrich Zierahn-Weilage, "Racing with or against the Machine? Evidence from Europe", *Journal of the European Economic Association*, Vol. 20, No. 2, 2022, pp. 869–906.

[6] 屈小博：《机器人和人工智能对就业的影响及趋势》，《劳动经济研究》2019年第5期。

[7] David Autor, "Why Are There Still So Many Jobs? The History and Future of Workplace Automation", *Journal of Economic Perspectives*, Vol. 29, No. 3, 2015, pp. 3–30.

[8] Daron Acemoglu and Pascual Restrepo, "Artificial Intelligence, Automation and Work", in Ajay Agrawal, Joshua Gans and Avi Goldfarb eds., *The Economics of Artificial Intelligence*, The University of Chicago Press, 2019, pp. 197–236.

导致就业极化。一方面,劳动力在研发创新和交流服务领域具有比较优势,人工智能在该领域与劳动力互补,创造就业岗位。[1] 这类领域包括科学、设计、管理等高技能工作岗位[2]和厨师、服务员、清洁工、家庭护理等低技能工作岗位。[3] 另一方面,人工智能在程序化、重复性工作领域具有比较优势,对该领域就业产生替代效应。[4] 这类领域包括机器操作、辅助办公等中等技能岗位。[5] 基于美国[6]、英国[7]和其他国家[8]数据的实证研究均得出类似结论。

基于替代效应和创造效应,已有文献就人工智能发展对就业总量的影响展开大量研究,但结论存在争议。Daron Acemoglu 和 Pascual Restrepo 基于 1990—2007 年美国数据的研究发现,工业机器人的使用将降低美国就业率,每千名工人中增加一个机器人,将会减少 0.18%—0.34% 的就业。[9] Terry Gregory 基于 1999—2010

---

[1] Maja K. Thomas, "The Rise of Technology and Its Influence on Labor Market Outcomes", *Gettysburg Economic Review*, Vol. 10, 2017, https://cupola.gettysburg.edu/cgi/viewcontent.cgi?article=1065&context=ger.

[2] Guy Michaels, Ashwini Natraj and John Van Reenen, "Has ICT Polarized Skill Demand? Evidence from Eleven Countries over Twenty-five Years", *Review of Economics and Statistics*, Vol. 96, No. 1, 2014, pp. 60 – 77.

[3] Daron Acemoglu and David Autor, "Skills, Tasks and Technologies: Implications for Employment and Earnings", *Handbook of Labor Economics*, Vol. 4, 2011, pp. 1043 – 1171.

[4] David Autor and David Dorn, "The Growth of Low-Skill Service Jobs and the Polarization of the US Labor Market", *American Economic Review*, Vol. 103, No. 5, 2013, pp. 1553 – 1597.

[5] David Autor, Lawrence Katz and Melissa Kearney, "The Polarization of the U.S. Labor Market", *American Economic Review*, Vol. 96, No. 2, 2006, pp. 189 – 194.

[6] David Autor, "Why Are There Still So Many Jobs? The History and Future of Workplace Automation", *Journal of Economic Perspectives*, Vol. 29, No. 3, 2015, pp. 3 – 30.

[7] Maarten Goos and Alan Manning, "Lousy and Lovely Jobs: The Rising Polarization of Work in Britain", *Review of Economics and Statistics*, Vol. 89, No. 1, 2007, pp. 118 – 133.

[8] Maarten Goos, Alan Manning and Anna Salomons, "Explaining Jobs Polarization: Routine-Biased Technological Change and Offshoring", *American Economic Review*, Vol. 104, No. 8, 2014, pp. 2509 – 2526.

[9] Daron Acemoglu and Pascual Restrepo, "Robots and Jobs: Evidence from US Labor Markets", *Journal of Political Economy*, Vol. 128, No. 6, 2020, pp. 2188 – 2244.

年 27 个欧洲国家的数据发现，自动化通过创造效应增加的就业岗位多于替代效应减少的工作岗位。① Georg Graetz 和 Guy Michaels 利用 1993—2007 年 17 个国家工业机器人使用数据研究发现，使用机器人虽然降低了低技能工人的就业比例，但对就业总量无显著影响。② 孔高文等利用 2012—2017 年中国商品贸易数据库和 IFR 数据的研究发现，中国使用机器人会产生"技术性失业"现象，同时会刺激本地下游行业、其他劳动力替代性较高行业及外地同行业的就业，产生就业溢出效应。③

人工智能对劳动力就业的替代效应与创造效应的大小存在长短期差异是导致结论存在争议的原因。短期内，劳动力自身技能与人工智能技术之间的匹配速度慢于人工智能对劳动力的替代速度，导致创造效应小于替代效应，人工智能的发展将对就业总量带来负面影响；长期内，若劳动力技能及时与人工智能技术相匹配，则人工智能的发展有利于提高就业总量。④

已有关于人工智能发展影响就业的研究已取得较为丰富的成果，但存在以下不足。第一，集中于讨论人工智能在工业部门的替代效应、在服务业部门的创造效应，未考虑人工智能发展对服务业部门就业的替代效应。以机器学习和深度学习为核心技术的人工智能，基于数据驱动，通过预测算法的形式运用于服务业部

---

① Terry Gregory, Anna Salomons, Ulrich Zierahn-Weilage, "Racing with or against the Machine? Evidence from Europe", *Journal of the European Economic Association*, Vol. 20, No. 2, 2022, pp. 869 – 906.

② Georg Graetz and Guy Michaels, "Robots at Work", *Review of Economics and Statistics*, Vol. 100, No. 5, 2018, pp. 753 – 768.

③ 孔高文、刘莎莎、孔东民：《机器人与就业——基于行业与地区异质性的探索性分析》，《中国工业经济》2020 年第 8 期。

④ Daron Acemoglu and Pascual Restrepo, "Artificial Intelligence, Automation and Work", in Ajay Agrawal, Joshua Gans and Avi Goldfarb eds., *The Economics of Artificial Intelligence*, The University of Chicago Press, 2019, pp. 197 – 236; Georg Graetz and Guy Michaels, "Robots at Work", *Review of Economics and Statistics*, Vol. 100, No. 5, 2018, pp. 753 – 768.

门,将影响该部门就业。例如京东智能客服可通过获取消费者情绪数据,对消费者的问题进行针对性服务,[①]将替代部分客服人员。第二,未从稳就业的角度考察人工智能发展对就业的影响。人工智能将导致劳动力跨部门、跨行业流动,对就业产生冲击。因此,需要从劳动力分布格局和就业总量两个角度分析人工智能发展对就业的影响。

本章基于中国市级人工智能专利数据与行业就业数据,从劳动力分布格局和就业总量出发,实证分析人工智能发展对劳动力就业的影响,探讨中国发展人工智能的同时能否实现稳就业目标。

第一节 基于劳动力流动视角的人工智能影响就业的模型设定与实证分析

一 模型设定

根据理论分析,本章构建以下实证模型,分析人工智能发展对就业的影响:

$$\ln L_{it} = \alpha_0 + \alpha_1 AI_{it} + \alpha_2 X_{it} + \alpha_3 Y_{it} + \alpha_4 Z_{it} + \varepsilon_{it} \quad (5-1)$$

其中,i 表示地区,t 表示时间。L 为被解释变量。AI 为主要解释变量。本章选取三类控制变量:一是居民收入类变量 X,包括在岗职工平均工资 $wage$、城乡居民储蓄年末余额 $saving$;二是科技发展支持类变量 Y,包括科学技术财政支出 $sciex$ 和教育财政支出 $eduex$;三是经济发展水平类变量 Z,包括人均 GDP 水平 $pgdp$、外商直接投资 FDI、第二产业产值 $indus$。本章将所有控制变量取自然对数。α_0 为常数项,α_1—α_4 为待估参数,ε_{it}

[①] 《当人工智能客服读懂了人的情绪》,2018 年 5 月 31 日,新华网,http://www.xinhuanet.com/tech/2018-05/31/c_1122914425.htm。

代表随机误差项。

二 变量与数据

人工智能技术的重大突破来自硬件与算法的进步，这些技术能够处理和分析大量的非结构化数据，核心是机器学习与深度学习。[①] 因此，本章将前文检索的人工智能专利数据整合为涵盖287个直辖市、地级市2005—2018年的面板数据，作为本章的主要解释变量。结合理论模型，本章选择各市的总就业人数、工业部门就业人数、服务业部门就业人数作为被解释变量。工业部门主要指制造业。服务业部门包括批发和零售业，交通运输、仓储和邮政业，住宿和餐饮业，信息传输计算机服务和软件业，金融业，房地产业，租赁和商业服务业，科学研究、技术服务和地质勘查业，水利环境和公共设施管理业，居民服务和其他服务业，教育业，卫生社会保障和社会福利业，文化体育和娱乐业，公共管理和社会组织。

本章使用的数据遵循可获得性、独立性和口径统一等原则，剔除部分数据缺失的西藏以及不易获取数据的中国香港、中国澳门和中国台湾地区。为消除城市发展水平与就业、人工智能发展之间存在的内生性问题，本章删除研究范围内人工智能专利申请数始终为零的城市，最终得到184个地级市2005—2018年的面板数据。被解释变量和控制变量数据来自中国城市统计年鉴。主要变量描述性统计结果如表5-1所示。

[①] Daron Acemoglu and Pascual Restrepo, "Demographics and Automation", *Review of Economic Studies*, Vol. 89, No. 1, 2021, pp. 1–44.

表 5-1　　　　　　　　主要变量描述性统计结果

	观测值	平均值	标准差	最小值	最大值
总就业	2573	3.7576	0.8492	1.5892	6.8584
工业部门就业	2574	2.9593	1.0086	-0.4308	6.0618
服务业部门就业	2573	3.0846	0.7907	0.7496	6.5237
人工智能专利申请数	2576	8.1727	71.0841	0	2363
在岗职工平均工资	2562	10.5069	0.5224	8.9936	13.3941
城乡居民储蓄年末余额	2575	16.2394	1.2515	13.2817	20.3735
科学技术财政支出	2575	9.9699	1.7698	-2.0402	15.5293
教育财政支出	2575	12.7752	0.9926	9.6502	17.0851
人均GDP	2567	10.4695	0.7760	4.5951	15.6752
外商直接投资	2538	10.2702	1.8266	1.0986	15.3019
第二产业产值	2570	15.6456	1.0454	12.0288	18.4169

三　中国人工智能发展与就业变化的特征事实

截至2018年，中国人工智能产业已初具规模，对产业结构升级的作用凸显。机器学习与深度学习专利数据显示，中国人工智能专利申请数与授权数由2005年的11项、6项分别增长至2018年的10108项、8750项，年均增长率分别达到69.02%和75.14%。根据样本数据测算发现，地区人工智能专利申请数与高端制造业比重存在正相关关系，表明人工智能发展可有效促进产业结构升级（见图5-1）。从产业结构升级程度来看，相比人工智能发展水平较低的地区，人工智能发展水平较高的地区具有更高的高端制造业占比。其中，专业设备制造业占比高出1.53个百分点，铁路、船舶、航空航天和其他运输设备制造业占比高出2.11个百分点，电气机械和器材制造业占比高出2.48个百分点，计算机、通信和其他电子设备制造业占比高出7.3个百分点，仪器仪表制造业占比高出0.59个百分点。

从就业增速来看，高端制造业占比较高的地区，2013—2016年

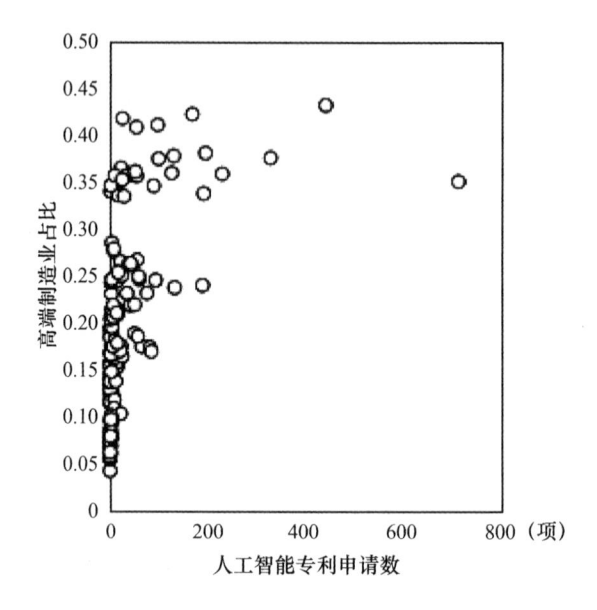

图 5-1　人工智能发展与高端制造业占比的关系

就业增速为 4.93%，高于高端制造业占比较低的地区 3 个百分点。地区高端制造业占比与就业人数之间存在正相关关系，表明产业结构升级对就业具有显著促进作用（见图 5-2）。以上数据在一定程度上表明，人工智能发展可通过促进产业结构升级提高就业水平。

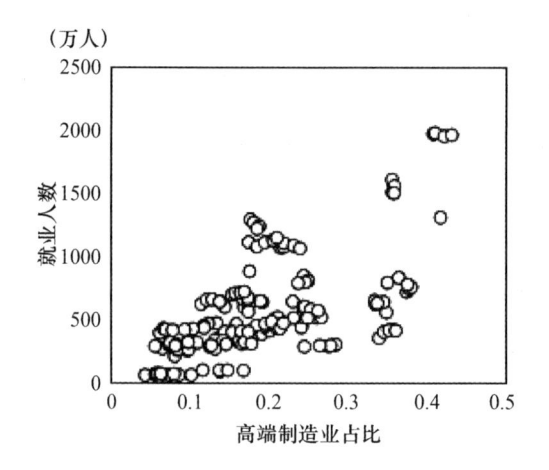

图 5-2　高端制造业占比与就业人数的关系

四 基准回归结果分析

利用市级人工智能专利申请数分析人工智能发展对就业的影响，将面临以下内生性问题。一是就业与人工智能专利申请数之间存在反向因果关系，即就业人数会对人工智能专利申请数产生影响。人工智能专利申请来源于科学研究、信息技术、软件等行业。该行业就业人数越多，人工智能专利申请数越多。直接利用人工智能专利申请数无法排除二者之间的反向因果关系。二是遗漏变量偏误问题。如果误差项中影响人工智能专利申请数的相关因素不能被完全控制，那么人工智能专利申请数的估计系数仍将有偏。对此，本章采用工具变量方法解决内生性问题。理想的人工智能专利申请数工具变量应满足两个条件：一是工具变量和误差项无关；二是工具变量需要与人工智能专利数高度相关。结合数据特点和研究问题，本章选取以下两个工具变量。一是人工智能专利授权率，为人工智能专利授权数与申请数之比。人工智能专利申请数与当地相关行业就业人数相关，但是否授权由国家专利局批准，与专利自身的创新水平有关，可以代表当地人工智能发展水平，且与其他市级变量不相关，满足外生性要求。二是劳均人工智能专利申请数，为人工智能专利申请数与总就业人数之比。两个工具变量与人工智能发展程度高度相关，但与当地就业人数和其他变量不相关。以上工具变量均通过过度识别、弱工具变量等检验，符合工具变量的要求。

表5-2分别报告了基准回归结果。第（1）—第（4）列为人工智能发展对总就业的影响，其中第（1）、第（2）列为OLS回归结果，第（3）、第（4）列为工具变量法回归结果。在引入控制变量后，人工智能发展对总就业不存在显著影响。第（5）、第（6）列为人工智能发展对工业和服务业部门就业的影响。回归结果显

示，每多申请 1 项人工智能相关专利，工业部门就业下降 0.04%，服务业部门就业上升 0.06%。人工智能发展导致工业部门就业水平下降、服务业部门就业水平上升，劳动力由工业部门向服务业部门转移，假说 2A 得以验证。

表 5-2　　人工智能对总就业的影响

	（1）总就业	（2）总就业	（3）总就业	（4）总就业	（5）工业部门就业	（6）服务业部门就业
人工智能	0.0033*** (0.0009)	0.0005*** (0.0001)	0.0019*** (0.0006)	0.0001 (0.0001)	-0.0004** (0.0002)	0.0006*** (0.0002)
在岗职工平均工资		-0.7823*** (0.0549)		-0.9648*** (0.0817)	-0.9632*** (0.1122)	-0.9761*** (0.0987)
城乡居民储蓄年末余额		0.4413*** (0.0140)		0.3765*** (0.0259)	0.2425*** (0.0356)	0.5030*** (0.0314)
科学技术财政支出		-0.0111 (0.0098)		0.1031*** (0.0214)	0.1451*** (0.0294)	0.0352 (0.0259)
教育财政支出		0.2988*** (0.0258)		0.4545*** (0.0339)	0.3495*** (0.0465)	0.5406*** (0.0410)
人均 GDP		0.0263 (0.0282)		-0.0851** (0.0421)	0.0561 (0.0578)	-0.2506*** (0.0509)
外商直接投资		0.0342*** (0.0056)		0.0077 (0.0122)	0.0330** (0.0168)	-0.0004 (0.0148)
第二产业产值		0.1741 (0.0175)		0.1066*** (0.0256)	0.2604*** (0.0351)	-0.0120 (0.0309)
Anderson	—	—	0.0000	0.0000	0.0000	0.0000
Sargan	—	—	0.6674	0.6873	0.8441	0.8975
观测值	2573	2515	590	577	577	577

注：(1) 括号内为标准误；(2) ***、**和*分别代表通过了 1%、5% 和 10% 的显著性水平。下同。

控制变量方面,在岗职工平均工资水平与总就业之间存在负相关关系,表明工资上涨为企业带来较高的用工成本压力。城乡居民储蓄年末余额与就业之间存在正相关关系。科学技术财政支出和教育财政支出可有效提高人力资本水平,有利于促进就业。人均GDP与总就业、服务业部门就业存在负相关关系。FDI有利于提高工业部门就业水平。第二产业发展有利于提高工业部门就业吸纳能力,显著提高总就业水平。

五 机制检验

通过促进工业化与信息化深度融合、推动传统服务业向现代服务业升级,人工智能发展有利于实现产业结构升级,[①] 表现为医药、专用设备、计算机通信设备等高端制造业和科学研究、金融等生产性服务业的快速发展。这类行业的工作岗位具有创新性、研发性等高技能特征,与人工智能具有互补性。人工智能将在这类行业产生显著的就业创造效应。为检验人工智能是否促进产业结构升级,以及产业结构升级是否影响人工智能发展实现稳就业,本章参考李平等的研究,[②] 以医药制造业,专用设备制造业,铁路、船舶、航空航天和其他运输设备制造业,电气机械和器材制造业,计算机、通信和其他电子设备制造业,仪器仪表制造业为高端制造业,以交通运输、仓储和邮政业,信息传输计算机服务和软件业,批发和零售业,金融业,租赁和商业服务业,科学研究和技术服务业为生产性服务业,引入高端制造业发展水平 $high$(高端制造业占比排名是否

---

① 师博:《人工智能促进新时代中国经济结构转型升级的路径选择》,《西北大学学报》(哲学社会科学版)2019年第5期。
② 李平、付一夫、张艳芳:《生产性服务业能成为中国经济高质量增长新动能吗》,《中国工业经济》2017年第12期;唐晓华、张欣珏、李阳:《中国制造业与生产性服务业动态协调发展实证研究》,《经济研究》2018年第3期;伍红、郑家兴、王乔:《固定资产加速折旧、厂商特征与企业创新投入——基于高端制造业A股上市公司的实证研究》,《税务研究》2019年第11期。

为前50%，是为1，否为0）与AI交乘项AI×high，考察人工智能对制造业产业结构升级的影响。

表5－3第（1）列检验人工智能发展对高端制造业的影响，AI×high的系数显著为正，表明在高端制造业发展水平较高的地区，人工智能发展有利于高端制造业发展。第（2）列检验人工智能发展对工业部门就业的影响，AI×high的系数显著为正，表明在高端制造业发展水平较高的地区，人工智能发展在工业部门具有显著的就业创造效应。

为更好地检验产业结构升级机制的影响，本章将样本按照高端制造业占比的高低分组进行检验，检验结果如表5－3第（3）—第（4）列所示。结果显示，高端制造业占比较高、产业结构升级较快的地区，人工智能发展对工业部门的就业替代效应较低，而高端制造业占比较低、产业结构升级较慢的地区，就业替代效应较高。这表明，产业结构升级是人工智能发展影响工业部门就业的一种机制。人工智能发展推动工业部门产业结构升级，有利于缓解人工智能在工业部门的就业替代效应。从工业部门内部来看，人工智能发展将导致劳动力由低端行业向高端行业流动。

表5－3　　　　人工智能发展对就业的影响机制检验结果

	（1）高端制造业产值	（2）工业部门就业	（3）高端占比较高工业部门就业	（4）高端占比较低工业部门就业	（5）生产性服务业就业	（6）非生产性服务业就业
人工智能	－0.0032*** (0.0009)	－0.0012** (0.0005)	－0.0003** (0.0001)	－0.0013*** (0.0004)	0.0010*** (0.0002)	0.0004*** (0.0001)
人工智能×高端制造业发展水平	0.0022*** (0.0008)	0.0010* (0.0005)	—	—	—	—

续表

	（1）高端制造业产值	（2）工业部门就业	（3）高端占比较高工业部门就业	（4）高端占比较低工业部门就业	（5）生产性服务业就业	（6）非生产性服务业就业
N	150	150	75	75	577	567
R^2	0.7449	0.2763	0.2990	0.4315	—	—

注：（1）第（1）—（4）列数据来自中国工业统计年鉴。由于2017年之后未公布制造业分行业数据，样本为2012—2016年省级面板数据，检验方法为固定效应模型。（2）由于个别省份未公布服务业分行业数据，无法使用省级面板数据进行分析，第（5）—第（6）列来自基准回归分析数据。

为检验人工智能发展促进服务业产业结构升级的作用机制，本章将样本按照生产性服务业和非生产性服务业进行分组，检验结果如表5-3第（5）—第（6）列所示。结果显示，人工智能发展对生产性服务业的就业创造效应显著高于非生产性服务业，即人工智能发展有利于促进生产性服务业扩张，推动服务业产业结构升级，产生就业创造效应。产业结构升级也是人工智能发展影响服务业部门就业的作用机制。从服务业部门内部来看，人工智能发展将导致劳动力更多地向生产性服务业集中。

通过推动产业升级，人工智能在工业部门的替代效应逐渐减弱、在服务业部门的创造效应逐渐增强，有利于实现稳就业。产业升级是人工智能发展实现稳就业的重要机制。人工智能发展导致劳动力由低端行业向高端行业流动，改变劳动力行业分布格局。假说2B得以验证。

第二节 基于劳动力流动视角的人工智能影响就业的进一步分析

人工智能发展水平的区域异质性，导致替代效应和创造效应存在区域差异,将改变劳动力的空间分布格局。本章按照2018年人工智能专利申请数将样本分为四等份,分别利用工具变量法分析人工智能影响就业的区域异质性。回归结果如表5-4所示。

表5-4　　　　　　　人工智能发展影响就业的区域异质性

	最低25%地区			次低25%地区		
	(1) 总就业	(2) 工业部门就业	(3) 服务业部门就业	(4) 总就业	(5) 工业部门就业	(6) 服务业部门就业
人工智能	-0.1049** (0.0520)	-0.1796* (0.1000)	-0.0983** (0.0491)	-0.2106*** (0.0579)	-0.3021*** (0.0833)	-0.1045** (0.0432)
控制变量	Yes	Yes	Yes	Yes	Yes	Yes
Anderson	0.0000	0.0000	0.0000	0.0000	0.0000	0.0000
Sargan	0.9186	0.7894	0.6029	0.3648	0.7608	0.0453
观测值	54	54	54	77	77	77
	次高25%地区			最高25%地区		
	(7) 总就业	(8) 工业部门就业	(9) 服务业部门就业	(10) 总就业	(11) 工业部门就业	(12) 服务业部门就业
人工智能	-0.0323*** (0.0115)	-0.0423** (0.0186)	-0.0262** (0.0106)	0.0002 (0.0001)	-0.0003* (0.0002)	0.0006*** (0.0002)
控制变量	Yes	Yes	Yes	Yes	Yes	Yes
Anderson	0.0000	0.0000	0.0000	0.0000	0.0000	0.0000
Sargan	0.8981	0.6451	0.4731	0.2474	0.5461	0.2432
观测值	108	108	108	338	338	338

第一,人工智能发展对工业部门的就业替代效应经历先增强后减弱的变化趋势。人工智能专利申请数每增加1个单位,人工智能发展水平最低25%的城市工业部门就业水平下降17.96%,次低25%的城市工业部门就业水平下降30.21%,次高25%的城市工业部门就业水平下降4.23%,最高25%的城市工业部门就业下降

0.03%。如图 5-3 所示，人工智能对工业部门就业的替代效应经历先增强后减弱的"U"形变化趋势，后期对工业部门就业的负向影响趋近于零。

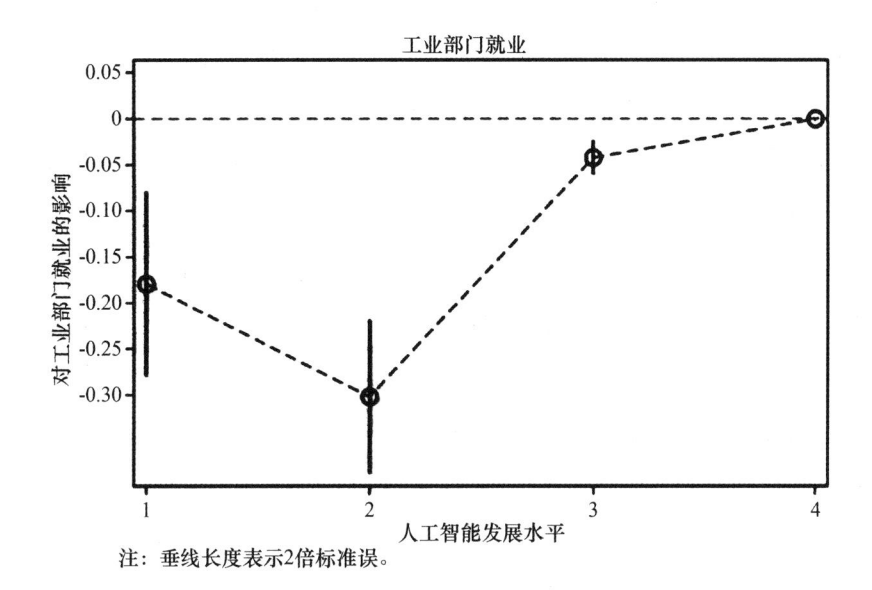

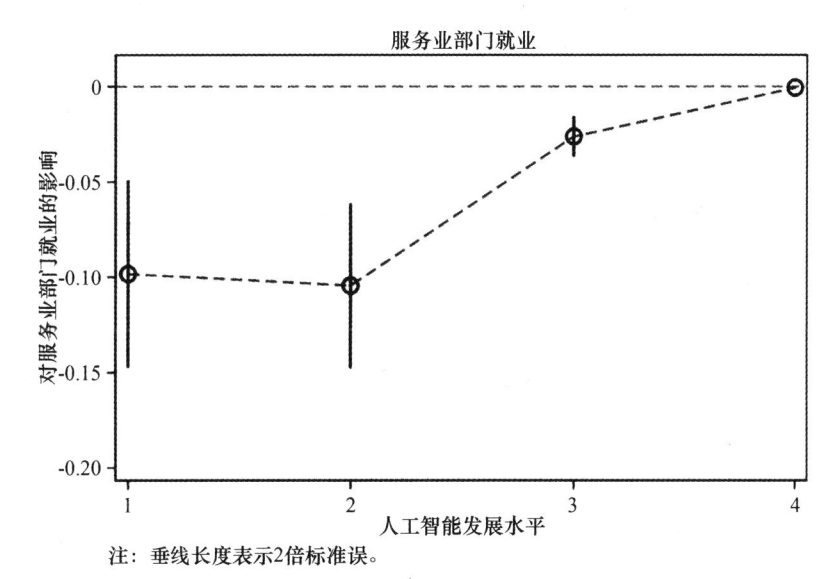

注：垂线长度表示2倍标准误。

注：垂线长度表示2倍标准误。

图 5-3　人工智能发展对工业部门和服务业部门就业的影响

第二，人工智能发展对服务业部门就业的影响经历由替代效应向创造效应的转变。对于人工智能发展水平最低25%和次低25%的城市，人工智能专利申请数每增加1个单位，服务业部门就业分别减少9.83%和10.45%，人工智能发展替代服务业部门就业。以数据资源和机器学习、深度学习为核心的人工智能技术不仅可以从事大量体力劳动，也可以从事部分流程简单、内容固定的脑力劳动。因此，在发展初期，人工智能将替代部分服务业劳动力，产生与工业部门类似的就业替代效应。随着人工智能的逐渐发展，就业结构逐渐调整，人工智能与剩余行业劳动力的互补关系逐渐显现，对就业的影响也逐渐由替代效应转变为创造效应。对于人工智能发展水平次高25%和最高25%的城市，人工智能专利申请数每增加1个单位，服务业部门就业分别变化-2.62%和0.06%。

第三，人工智能发展对总就业的负向影响经历先增强后减弱的变化趋势。在人工智能发展初期，人工智能在工业部门和服务业部门的劳动力就业均具有替代效应，导致对总就业影响为负。随着人工智能的发展，工业部门的替代效应逐渐增强，服务业部门的替代效应基本不变，导致人工智能对总就业的负向影响逐渐增强。发展后期，人工智能在工业部门的替代效应逐渐减弱，在服务业部门的替代效应转变为创造效应，导致人工智能对总就业的负向影响减弱。人工智能发展对总就业的负向影响经历了先增强后减弱的"U"形变化趋势，具体情况如图5-4所示。

根据表5-4的回归结果，结合人工智能专利申请数和就业人数变化，可预测未来不同区域就业人数的变化。若人工智能发展能够创造更多的就业岗位，抵消替代效应对就业的负面影响，则人工智能无法对稳就业带来负面冲击。人工智能发展可与稳就业实现双

对总就业的影响

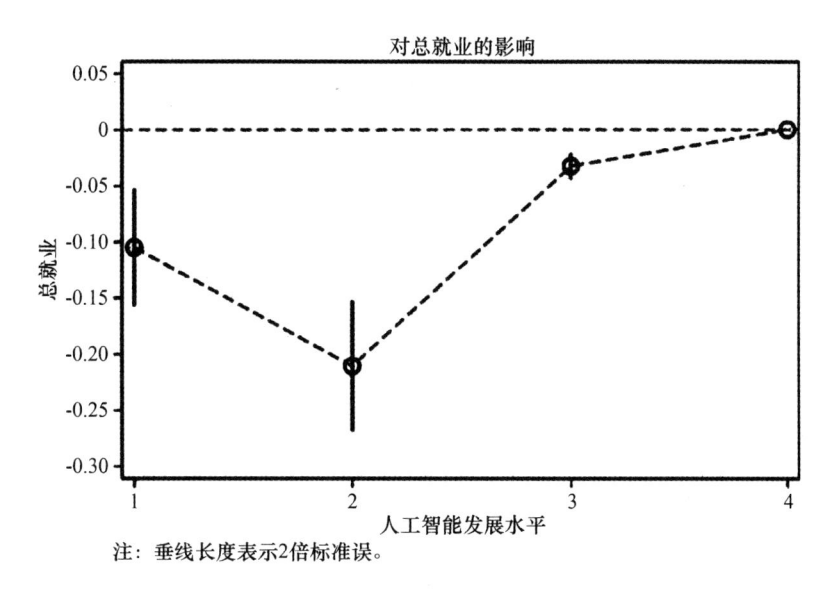

注：垂线长度表示2倍标准误。

图 5-4　人工智能发展对总就业的影响

赢。表 5-5 列出人工智能发展水平不同的城市替代效应和创造效应的大小。

表 5-5　　就业总量的变化趋势预测

	最低 25% 地区			次低 25% 地区		
	（1）总就业	（2）工业部门就业	（3）服务业部门就业	（1）总就业	（2）工业部门就业	（3）服务业部门就业
就业人数（万人）	1591.44	779.80	811.64	1921.34	868.08	1053.26
新增 AI（项/每年）	3			19		
预测就业人数（万人）	977.96	403.09	574.87	135.26	1.05	134.20
就业人数变化（万人）	-613.48	-376.71	-236.77	-1786.08	-867.03	-909.06

续表

	次高25%地区			最高25%地区		
	（1）总就业	（2）工业部门就业	（3）服务业部门就业	（1）总就业	（2）工业部门就业	（3）服务业部门就业
就业人数（万人）	2499.82	1358.89	1140.93	8474.45	3801.45	4673
新增AI（项/每年）	89			2875		
预测就业人数（万人）	136.43	29.01	107.42	27813.07	1604.57	26208.51
就业人数变化（万人）	-2363.39	-1329.88	-1033.51	19338.62	-2196.88	21535.51

注：就业人数数据来自中国城市统计年鉴；新增AI为2015—2018年平均每年人工智能专利申请数新增数量；预测就业人数为根据表5-4回归结果计算所得；就业人数变化为预测就业人数减去就业人数。

第一，人工智能发展通过新增就业岗位，整体提高就业总量，有利于实现稳就业。2018年所有样本城市总就业人数为14487.05万人，预测人工智能发展将导致就业人数增加14575.67万人。随着人工智能与经济发展水平的不断提高，人工智能将新增更多的就业岗位，实现人工智能发展与稳就业双赢。

第二，人工智能发展对不同部门就业的异质性影响将导致劳动力跨区域流动。表5-5结果显示，人工智能发展水平最低25%、次低25%、次高25%的城市工业部门、服务业部门的就业岗位和总就业岗位数量均显著下降。人工智能发展水平最高25%的城市服务业部门新增就业人数大幅超过工业部门减少的就业人数，导致自身总就业人数显著上升。因此，随着人工智能发展水平的不断提高，劳动力将由人工智能发展水平较低的城市向发展水平较高的城市流动。劳动力空间分布格局随之改变。假说2C得以验证。若劳动力流动过程受阻，则将产生地区间结构性失业问题，为稳就业带来挑战。

第三节 基于劳动力流动视角的人工智能影响就业的稳健性检验

本章的稳健性检验从两个方面展开。一是对人工智能专利数据样本进行替换。人工智能专利由申请到授权需要时间，导致利用人工智能专利申请数衡量人工智能发展水平存在时滞。基于这些考虑，本章选择用人工智能专利授权数代替专利申请数，衡量人工智能的发展水平。二是引入市级人口变量，控制人口流动对实证结果的影响。2018 年，人工智能专利授权数超过 100 项的城市为北京、深圳、上海、广州、杭州、南京、成都、武汉、西安、天津、重庆、东莞、合肥、长沙、济南、珠海、苏州、厦门。以上城市除北京、济南外，其他均处于人口净流入的都市圈。与之相比，专利授权数较少的河北、山西、内蒙古、海南、甘肃、青海、宁夏等省份基本存在人口净流出。[①] 人工智能发展水平较高的城市也是人口净流入的热门城市。为控制人口流动对于实证结果的影响，本章引入市级人口变量 pop（以年末人口数的自然对数值衡量）进行稳健性检验。

表 5-6 报告了本章的稳健性检验结果。第（1）—第（3）列分别检验了人工智能专利授权数对就业的影响。结果表明，人工智能专利授权数增长对总就业影响不显著，不利于工业部门就业，促进服务业部门就业。这一结果与基准回归结果一致。在引入市级人口变量 pop 后，人工智能发展对总就业、工业部门就业、服务业部

---

① 《任泽平：中国人口大迁移的新趋势》，2020 年 9 月 6 日，新浪财经网，http://finance.sina.com.cn/zl/china/2020-09-07/zl-iivhvpwy5225583.shtml。

门就业的影响未发生变化，检验结果如第（4）—第（6）列所示。人口流动并未干扰人工智能发展对就业的影响。检验结果仍然保持稳健。第（7）—第（10）列检验了人工智能发展影响工业部门就业的产业结构升级机制。检验结果与前文结果基本一致，在高端制造业占比较高、产业结构升级较快的地区，人工智能发展有利于促进高端制造业发展，对工业部门的就业替代效应较低。在高端制造业占比较低、产业升级较慢的地区，人工智能发展对高端制造业的促进作用较低，对工业部门的就业替代效应较高。对服务业部门而言，人工智能发展对服务业部门就业的促进作用集中于生产性服务业，对其他服务业的影响较弱。检验结果如第（11）和第（12）列所示，仍保持稳健。

表5-6　　　　　　　　　稳健性检验结果

	（1）总就业	（2）工业部门就业	（3）服务业部门就业	（4）总就业	（5）工业部门就业	（6）服务业部门就业
人工智能	0.0001 (0.0002)	-0.0006** (0.0002)	0.0008*** (0.0002)	0.0001 (0.0002)	-0.0006** (0.0002)	0.0006*** (0.0002)
城市人口变量	—	—	—	0.0876*** (0.0189)	0.0273 (0.0264)	0.1257*** (0.0227)
控制变量	Yes	Yes	Yes	Yes	Yes	Yes
Anderson	0.0000	0.0000	0.0000	0.0000	0.0000	0.0000
Sargan	0.6500	0.9971	0.6561	0.8336	0.9523	0.8905
观测值	577	577	577	577	577	577
人工智能	-0.0074*** (0.0024)	-0.0021* (0.0011)	-0.0007** (0.0003)	-0.0016* (0.0010)	0.0012*** (0.0003)	0.0005*** (0.0002)
人工智能×高端制造业发展水平	0.0048** (0.0022)	0.0019 (0.0012)	—	—	—	—

续表

	(7) 高端制造业	(8) 工业部门就业	(9) 高端占比较高工业就业	(10) 高端占比较低工业就业	(11) 生产性服务业就业	(12) 其他服务业就业
城市人口变量	1.3372*** (0.1812)	-1.0661 (1.1574)	0.9684*** (0.2795)	1.3410*** (0.1634)	0.2041*** (0.0288)	0.0940*** (0.0195)
控制变量	Yes	Yes	Yes	Yes	Yes	Yes
Anderson	—	—	—	—	0.0000	0.0000
Sargan	—	—	—	—	0.9989	0.3392
观测值	150	150	75	75	577	577

注：第（7）—第（10）列检验方法为固定效应模型，其他列检验方法均为工具变量法。

第四节 本章小结

通过引入人工智能发展促进产业结构升级的作用机制，构建人工智能发展影响就业的理论分析模型，将深度学习与机器学习的专利申请数和授权数与不同行业就业人数进行匹配，基于劳动力流动视角实证考察人工智能发展对中国就业的影响，具体结论如下。

第一，从就业总量看，现阶段人工智能发展未对中国就业总量产生显著负向影响。人工智能对服务业部门的就业创造效应抵消了对工业部门的就业替代效应。总体来说，人工智能发展有利于实现就业总量稳定，同时引起劳动力由工业部门向服务业部门流动。

第二，产业结构升级是人工智能发展实现稳就业的重要机制。人工智能通过从事体力劳动和部分脑力劳动，在工业部门和服务业部门均产生就业替代效应。通过推动产业结构升级，人工智能在工业部门的就业替代效应先增强后减弱，对服务业部门就业的影响由替代效应向创造效应转变，引起劳动力由低端行业向高端行业流动，改变劳动力行业分布格局。

第三，人工智能发展水平的地区差异将引发地区间产业结构差异，导致劳动力由人工智能发展水平较低的地区向发展水平较高的地区流动，劳动力空间分布格局随之改变。

根据上述结论，提出如下对策建议。

第一，鼓励人工智能核心技术发展，加速人工智能成果转化。根据本章实证研究结果，人工智能发展未对中国就业总量带来显著的负向冲击，且可以通过促进产业结构升级、劳动力在产业间流动产生就业创造效应，有利于实现稳就业目标。为充分发挥人工智能的就业创造效应，一方面需更加注重推进人工智能基础研究，增加研发投入，鼓励探索人工智能核心技术，探究人工智能在发展中所需的理论、方法、工具；另一方面，充分发挥中国市场优势，利用需求反作用于供给侧的技术革新，研发人工智能新产品、新技术，加速技术落地，推动人工智能技术设备的普及应用。

第二，加快推动产业结构升级，为劳动力流动、稳就业创造充足的就业岗位。在高端产业，人工智能的替代效应减弱，创造效应增强。以人工智能的发展和普及为动力，带动数据采集、机器学习、软件开发等一系列高端制造业和生产性服务业的发展，为稳就业带来极大的就业增长空间，实现创新与稳就业、保就业双赢。

第三，破除劳动力流动障碍，缩短就业结构调整"阵痛期"。人工智能发展将深刻改变劳动力部门、行业和空间布局，为稳就业带来结构性失业风险。一方面，通过增加教育培训投入，提高工业部门、低端行业劳动力对人工智能的应用程度，使劳动力及时满足新岗位的技术知识要求；另一方面，减少劳动力跨区域流动阻力。在人工智能快速发展普及的背景下，劳动力可能进行跨地区流动。通过完善高铁、高速公路等交通网络，降低流入地户籍、医疗、子女受教育门槛，促进劳动力与就业岗位匹配，实现劳动力资源的最优配置。

第 六 章

基于产业溢出与空间溢出视角的人工智能就业效应再评估

培育壮大人工智能等新兴数字产业是中国推动经济高质量发展、实现强国目标的重大战略,扩大就业容量既有利于缓解中国经济发展面临的需求收缩、预期转弱的压力,又是"十四五"时期实施就业优先战略的重要要求,但已有研究发现人工智能发展将对就业产生不利冲击。[①] 那么,如何在发展人工智能的同时不断扩大就业容量就成了一个必须解决的重要问题。本章试图从产业溢出和空间溢出的双重视角重新评估人工智能发展的就业效应,为在新发展阶段高质量发展下实现更充分的就业提供解决方案。

目前,已有研究普遍认为人工智能对劳动力就业具有替代效应和创造效应。[②] 第一,人工智能对劳动力就业存在替代效应。人工智能发展通过降低机器设备成本,促使企业为降低生产成本以机器人替代劳动力,提高生产的自动化程度,从而造成就业的

[①] 王林辉、胡晟明、董直庆:《人工智能技术会诱致劳动收入不平等吗——模型推演与分类评估》,《中国工业经济》2020 年第 4 期;闫雪凌、朱博楷、马超:《工业机器人使用与制造业就业:来自中国的证据》,《统计研究》2020 年第 1 期。

[②] 惠炜、姜伟:《人工智能、劳动力就业与收入分配:回顾与展望》,《北京工业大学学报》(社会科学版)2020 年第 5 期。

替代效应。① 第二，人工智能发展对就业存在创造效应。人工智能除能够通过降低生产成本、提高机器设备劳动生产率等方式实现增加产量外，还与劳动力创新、研发、沟通等劳动力技能互补，创造非机器工作岗位。② 基于替代效应和创造效应，已有研究关于人工智能如何影响就业总量的相关结论存在争议。③ 国内学者集中于讨论工业机器人对就业的影响，认为工业机器人可从事制造业部门程序化、重复性的工作，④ 对制造业部门就业产生较大的负向冲击，⑤

---

① Maarten Goos, Alan Manning and Anna Salomons, "Explaining Jobs Polarization: Routine-Biased Technological Change and Offshoring", *American Economic Review*, Vol. 104, No. 8, 2014, pp. 2509 – 2526; David Autor, "Why Are There Still So Many Jobs? The History and Future of Workplace Automation", *Journal of Economic Perspectives*, Vol. 29, No. 3, 2015, pp. 3 – 30; Terry Gregory, Anna Salomons, Ulrich Zierahn-Weilage, "Racing with or against the Machine? Evidence from Europe", *Journal of the European Economic Association*, Vol. 20, No. 2, 2022, pp. 869 – 906; Daron Acemoglu and Pascual Restrepo, "The Race between Man and Machine: Implications of Technology for Growth, Factor Shares, and Employment", *American Economic Review*, Vol. 108, No. 6, 2018, pp. 1488 – 1542; 孙早、侯玉琳：《工业智能化如何重塑劳动力就业结构》，《中国工业经济》2019年第5期。

② Maja K. Thomas, "The Rise of Technology and Its Influence on Labor Market Outcomes", *Gettysburg Economic Review*, Vol. 10, 2017, https://cupola.gettysburg.edu/cgi/viewcontent.cgi?article=1065&context=ger; Daron Acemoglu and Pascual Restrepo, "Artificial Intelligence, Automation and Work", in Ajay Agrawal, Joshua Gans and Avi Goldfarb eds., *The Economics of Artificial Intelligence*, The University of Chicago Press, 2019, pp. 197 – 236; 屈小博：《机器人和人工智能对就业的影响及趋势》，《劳动经济研究》2019年第5期；李磊、王小霞、包群：《机器人的就业效应：机制与中国经验》，《管理世界》2021年第9期；陈宗胜、赵源：《不同技术密度部门工业智能化的就业效应——来自中国制造业的证据》，《经济学家》2021年第12期。

③ Georg Graetz and Guy Michaels, "Robots at Work", *Review of Economics and Statistics*, Vol. 100, No. 5, 2018, pp. 753 – 768; Daron Acemoglu and Pascual Restrepo, "Robots and Jobs: Evidence from US Labor Markets", *Journal of Political Economy*, Vol. 128, No. 6, 2020, pp. 2188 – 2244.

④ 杨光、侯钰：《工业机器人的使用、技术升级与经济增长》，《中国工业经济》2020年第10期；蔡跃洲、陈楠：《新技术革命下人工智能与高质量增长、高质量就业》，《数量经济技术经济研究》2019年第5期。

⑤ 韩民春、韩青江、夏蕾：《工业机器人应用对制造业就业的影响——基于中国地级市数据的实证研究》，《改革》2020年第3期；王永钦、董雯：《机器人的兴起如何影响中国劳动力市场？——来自制造业上市公司的证据》，《经济研究》2020年第10期。

导致外来低技能劳动力迁入率显著下降。①

已有研究初步建立了人工智能影响就业的逻辑框架，但对回答如何在发展人工智能的同时扩大就业总量这一问题存在如下不足。一方面，已有研究集中探讨工业机器人的使用对制造业或工业劳动力就业的替代效应，却忽略了人工智能对其他产业就业的影响，高估了人工智能对就业的负向冲击。人工智能除了通过替代效应对制造业就业产生负向影响，还能推动制造业转型升级，提高制造业生产效率，通过产业融合机制、产业关联机制增加上下游产业需求，②以产业关联效应推动产业链转型升级，进而创造大量就业岗位。因此，单纯评估工业机器人对制造业劳动力就业替代效应将高估人工智能对就业的负向影响。另一方面，已有研究集中于探讨人工智能对本地就业的影响，却忽略了人工智能影响就业的空间溢出效应，低估了人工智能对就业的创造效应。人工智能在促进本地产业转型升级的同时，还能通过空间辐射机制与空间关联机制带动周边地区产业转型升级、生产规模扩张，产生对就业的空间溢出效应。因此，本章以发展人工智能为出发点，以不断扩大就业总量为落脚点，分别从产业溢出效应和空间溢出效应出发，利用2006—2018年中国258个直辖市、地级市面板数据，重新评估人工智能的就业效应。

第一节 基于产业溢出与空间溢出视角的人工智能影响就业的模型设定

一 样本选择与数据来源

依赖于计算机硬件和算法的快速发展，人工智能可处理和分析

---

① 陈媛媛、张竞、周亚虹：《工业机器人与劳动力的空间配置》，《经济研究》2022年第1期。
② 郭凯明：《人工智能发展、产业结构转型升级与劳动收入份额变动》，《管理世界》2019年第7期。

大量的非结构化数据，核心是机器学习与深度学习。① 本章以机器学习与深度学习为关键词，利用国家知识产权局专利检索统计数据，搜索2006—2018年人工智能专利申请和授权情况，得到21042条机器学习与深度学习专利数据，整理、匹配得到258个直辖市、地级市的人工智能专利申请数据与专利授权数据，并用此数据衡量直辖市、地级市人工智能发展水平。本章其他数据均来源于中国城市统计年鉴。

依据人工智能发展的先发优势城市与集聚特征，参考姜伟和李萍的研究，② 将中国直辖市、地级市分为三类。

第一类为人工智能发展的先发城市，即发展人工智能时间早、已基本形成具有人工智能发展优势的城市，主要包括北京、上海、广州、深圳、天津、南京、杭州、武汉、成都、西安在内的33个城市。这类城市基本在2006—2010年便开始申请人工智能专利，且一直持续至今，已经形成一定的人工智能发展规模，因此具有发展人工智能的先发优势。

第二类为人工智能发展的后发城市，即发展人工智能时间较晚、初步形成人工智能发展优势的城市，主要包括常州、佛山、东莞、珠海在内的31个城市。这类城市基本从2015—2016年开始持续申请人工智能专利并获取专利授权，是由于2015年7月出台的《国务院关于积极推进"互联网+"行动的指导意见》中首次将人工智能纳入战略决策，明确要"依托互联网平台提供人工智能公共创新服务，加快人工智能核心技术突破"。在此之后，中国连续出台了一系列政策——《促进新一代人工智能产业发展三年行动计划

---

① Daron Acemoglu and Pascual Restrepo, "Demographics and Automation", *Review of Economic Studies*, Vol. 89, No. 1, 2021, pp. 1–44.

② 姜伟、李萍：《人工智能与全要素生产率："技术红利"还是"技术鸿沟"》，《统计与信息论坛》2022年第5期。

(2018—2020年)》《新一代人工智能发展规划》《"互联网+"人工智能三年行动实施方案》,带动了一批城市将人工智能作为引领城市未来经济发展的重要科技力量,促使这批城市成为人工智能发展的后发城市。

第三类是人工智能发展的外围城市,即人工智能发展水平低、人工智能发展优势不显著的城市。这类城市人工智能专利申请或获取授权的时间连续性较低,同时申请人工智能专利或授权数量较少,表明外围城市的人工智能发展规模较低,不具备发展优势。

本章深入考察人工智能发展对就业的产业溢出效应和空间溢出效应,将人工智能发展的城市划分为中心城市(包括人工智能发展的先发城市与后发城市,共计64个城市)与外围城市(人工智能发展的外围城市)。根据已经整理的人工智能专利数据,研究发现,2006—2018年,中心城市人工智能专利申请数占全国各城市人工智能专利申请数的比例为97.84%,表明以中心城市划分人工智能发展的优势城市具有较好的代表性。

二 模型设计与变量说明

为检验假说3A与假说3B,本节考察中心城市人工智能发展对劳动力就业的产业溢出效应,构建实证模型如式(6-1)所示:

$$L_{it} = \alpha_0 + \alpha_1 AI_{it} + \alpha_2 sciex_{it} + \alpha_3 eduex_{it} + \alpha_4 wage_{it} + \alpha_5 saving_{it} + \alpha_6 gdp_{it} + \alpha_7 FDI_{it} + \alpha_8 indus_{it} + \eta_i + \mu_t + \theta_j \times \mu_t + \varepsilon_{it} \quad (6-1)$$

其中,i表示中心城市,t表示时间,j表示中心城市所在省份。L为因变量,分别为中心城市分行业就业人数的自然对数值。AI表示中心城市人工智能专利申请数,为自变量。为减少数据的偏度,本研究对人工智能专利申请数做加1再取对数处理。考虑人工智能对工业部门就业的影响以替代效应为主,本研究重点考察人工智能发展影响服务业就业的产业溢出效应。若假说3A成立,则当L为服务业部门就业人数时，α_1 显著为正。若假说 3B 成立，则当 L 为高端服务业就业人数时，α_1 显著为正；当 L 为低端服务业就业人数时，α_1 显著为负或不显著。控制变量方面，sciex 表示科学技术财政支出的自然对数值，eduex 表示教育财政支出的自然对数值，分别衡量城市对科技发展和人力资本的支持力度。wage 表示在岗职工平均工资的自然对数值，saving 表示城乡居民储蓄年末余额的自然对数值，分别衡量居民收入和财富情况。gdp 表示地区生产总值的自然对数值，FDI 表示外商直接投资的自然对数值，indus 表示第二产业产值的自然对数值，衡量城市经济发展水平。本研究还控制了一系列固定效应。η_i 是城市固定效应，用以控制城市既有特征可能对就业的影响。μ_t 是年份固定效应，用以控制宏观经济发展等趋势的影响。为进一步克服可能由遗漏变量导致的内生性问题，本研究加入城市所在省份固定效应 θ_j 与年份固定效应 μ_t 的交乘项，用以控制省份层面随时间变化的产业政策、就业政策等可能同时影响人工智能发展和就业的因素。ε_{it} 为随机扰动项。表 6-1 报告了中心城市主要变量的描述性统计结果，所有变量均取自然对数值。

表 6-1　　　　中心城市主要变量的描述性统计结果

	观测值	平均值	标准差	最小值	最大值
总就业人数（对数值）	832	4.4595	0.8103	2.6993	6.8584
工业部门就业人数（对数值）	832	3.7618	0.8406	1.4416	6.0618
服务业部门就业人数（对数值）	832	3.6988	0.8565	0.7496	6.5237
人工智能专利申请（对数值）	832	1.1909	1.6015	0	7.7681
科学技术财政支出（对数值）	832	11.2564	1.6148	6.2403	15.5293
教育财政支出（对数值）	832	13.3592	0.9907	10.4403	17.0851
在岗职工平均工资（对数值）	826	10.7266	0.4506	9.5858	11.9173
城乡居民储蓄年末余额（对数值）	832	17.3174	1.2261	14.3864	20.3735
地区生产总值（对数值）	829	17.1972	0.9240	14.2770	19.6049
外商直接投资（对数值）	829	11.6354	1.4917	4.9053	15.3019
第二产业产值（对数值）	828	16.4365	0.9070	13.3060	18.4169

为验证假说3C、假说3D和假说3E，本章参考覃成林、杨霞的研究，① 构建包含空间溢出效应的实证模型，如式（6-2）所示：

$$L_{it} = \alpha_0 + \alpha_1 AI_{it} + \beta_1 WAI_{jt} + \beta_2 W\ln GDP_{jt} + \alpha_2 sciex_{it} + \alpha_3 eduex_{it}$$
$$+ \alpha_4 wage_{it} + \alpha_5 saving_{it} + \alpha_6 gdp_{it} + \alpha_7 indus_{it} + \eta_i + \mu_t + \varepsilon_{it}$$

（6-2）

其中，t 表示时间，i 表示外围城市，j 表示中心城市。L 为被解释变量，用外围城市总就业人数、分行业就业人数的自然对数值衡量。AI 为解释变量，用外围城市人工智能专利申请数衡量。W 为描述区域空间关系的 $n \times n$ 阶权重矩阵，n 为城市数量。本章假设地理权重为城市间距离的倒数：$\omega_{ij} = 1/d_{ij}$，d_{ij} 为城市间经纬度的球面距离。若外围城市的劳动力就业能够被中心城市人工智能发展带动，即外围城市的劳动力就业会随着中心城市人工智能的发展而增长，当 L 为外围城市总就业时，中心城市人工智能发展对外围城市劳动力就业的空间溢出系数 β_1 显著为正，假说3C得到证明。若假说3D成立，当 L 代表外围城市工业部门就业人数时，则 β_1 显著为正。若假说3E成立，对人口密度较高的外围城市，当 L 为服务业部门就业人数时，则 β_1 显著为正。为了控制中心城市经济增长对就业的空间溢出效应，本研究在式（6-2）中加入 $\ln GDP$ 作为中心城市地区生产总值的自然对数值。式（6-2）中剩余变量含义与式（6-1）相同。由于外商直接投资数据缺失问题，故在空间溢出效应的实证分析时剔除 FDI。此外，本研究还控制了外围城市的城市固定效应 η_i 和年份固定效应 μ_t。外围城市主要变量的描述性统计结果如表6-2所示，所有变量均取自然对数值。

---

① 覃成林、杨霞：《先富地区带动了其他地区共同富裕吗——基于空间外溢效应的分析》，《中国工业经济》2017年第10期。

表6-2　　　　　　外围城市主要变量的描述性统计结果

	观测值	平均值	标准差	最小值	最大值
总就业人数（对数值）	2522	3.2812	0.6016	1.4351	5.2218
工业部门就业人数（对数值）	2522	2.4463	0.7667	-0.4308	5.1155
服务业部门就业人数（对数值）	2522	2.6421	0.5797	-0.0834	4.5956
人工智能专利申请数（对数值）	2522	0.0785	0.3152	0	2.4849
科学技术财政支出（对数值）	2522	9.3469	1.3006	-2.0402	12.6873
教育财政支出（对数值）	2522	12.4665	0.8800	-0.9943	14.4115
在岗职工平均工资（对数值）	2522	10.4727	0.4751	8.9063	13.3941
城乡居民储蓄年末余额（对数值）	2522	15.6089	0.8432	12.9409	18.6073
地区生产总值（对数值）	2522	15.8632	0.7738	12.7463	18.0533
第二产业产值（对数值）	2522	15.1285	0.8480	11.5766	17.4757

三　内生性讨论

本章利用人工智能专利申请数分析人工智能发展对就业的影响，将面临以下内生性问题。一是就业与人工智能专利申请数之间可能存在反向因果关系，即就业人数会对人工智能专利申请数产生影响。城市就业人数越多，意味着城市集聚程度越高，服务业发展面临较大的潜在市场，催生对新技术、新业态的需求。同时，规模较大的城市能够吸引科研机构、高等院校等研发机构向城市集聚，提高城市创新水平，人工智能专利申请数可能会随之提升。直接利用人工智能专利申请数无法排除二者之间的反向因果关系。二是遗漏变量偏误问题。如果误差项中影响人工智能专利申请数的相关因素不能被完全控制，那么人工智能专利申请数的估计系数仍将有偏。

对此，本章采用工具变量方法解决内生性问题。理想的人工智能专利申请数工具变量应满足两个条件：一是工具变量和误差项无关；二是工具变量需要与人工智能专利申请数高度相关。结合数据特点和研究问题，本章选取单位劳动人工智能专利申请数作为工变量，计算方式为人工智能专利申请数与总就业人数之比。就业人数越多，可能导致人工智能专利申请绝对量的增长，但单位劳动的人工智能专利申请数量则与当地人工智能产业比重和发展水平直接相关。

第二节　基于产业溢出效应的人工智能影响就业的实证检验

一　基准回归结果

中心城市人工智能发展对本地服务业就业影响的实证估计结果如表6-3所示。其中，第（1）列是以服务业就业为被解释变量的OLS模型估计结果，第（2）列是以人工智能专利申请数为被解释变量，以服务业就业 L_serv 为主要解释变量，同时将服务业就业与人工智能专利申请之间可能存在的反向因果关系纳入考量的估计结果。由第（2）列可以发现，中心城市服务业就业通过了显著性水平为1%的统计检验，即中心城市服务业就业与人工智能专利申请之间存在显著的反向因果关系，因此仅仅利用OLS回归会导致第（1）列回归结果有偏，需要采用工具变量法进行实证分析。

表6-3的第（3）至第（5）列是采用工具变量法进行实证分析的回归结果。实证结果表明，第一阶段 F 值和工具变量 t 值都通过显著性水平为1%的检验，即工具变量具有较强的解释力；Cragg-Donald Wald F 统计量大于 James Stock 和 Motohiro Yogo 研究中的临界值16.38，[1] 即不存在弱工具变量问题，表明本章选取的工具变量合理。表6-3的第（3）至第（5）列的实证结果表明，中

---

[1] James Stock and Motohiro Yogo, "Testing for Weak Instruments in Linear IV Regression", NBER working paper, No. 284, 2002, https://www.nber.org/system/files/working_papers/t0284/t0284.pdf.

心城市人工智能发展对本地服务业就业存在显著的正向影响,且具有一致性。具体来看,表 6-3 的第(3)列是仅考虑人工智能这一核心解释变量的基准回归模型,并未考虑控制变量,实证结果显示,人工智能的回归系数为 0.2409,在 1% 的显著性水平上显著。表 6-3 的第(4)列在基准回归模型的基础上增加控制变量,实证结果表明,人工智能专利申请数的回归系数为 0.0463,依旧在 5% 的显著性水平上显著。表 6-3 的第(5)列在第(4)列的基础上控制城市固定效应、年份固定效应以及省份与年份固定效应交乘项,实证结果表明,人工智能专利申请数的回归系数为 0.0804,在 5% 的显著性水平上通过检验,中心城市人工智能发展对本地服务业部门劳动力就业具有显著的产业溢出效应,假说 3A 得以验证。

表 6-3 中心城市人工智能发展影响总就业的基准回归结果

	(1) 服务业就业 (OLS)	(2) AI (OLS)	(3) 服务业就业 (IV)	(4) 服务业就业 (IV)	(5) 服务业就业 (IV)
人工智能	0.0483** (0.0187)		0.2409*** (0.0296)	0.0463** (0.0236)	0.0804** (0.0352)
服务业就业人数		0.7177*** (0.2424)			
科学技术财政支出	0.0148 (0.0202)	-0.0086 (0.0803)		0.0030 (0.0272)	0.0147 (0.0187)
教育财政支出	0.1035 (0.0705)	0.0044 (0.2365)		0.3615*** (0.0931)	0.1009 (0.0644)
在岗职工平均工资	-0.6103*** (0.1299)	-0.3872 (0.9072)		-1.1276*** (0.1268)	-0.5829*** (0.1061)
城乡居民储蓄年末余额	0.0276 (0.0280)	0.2550 (0.1735)		0.3038*** (0.0474)	0.0185 (0.0255)
人均 GDP	-0.1920 (0.1790)	2.0044** (0.7894)		1.4458*** (0.1956)	-0.2539 (0.1938)

续表

	(1)	(2)	(3)	(4)	(5)
	服务业就业 (OLS)	AI (OLS)	服务业就业 (IV)	服务业就业 (IV)	服务业就业 (IV)
外商直接投资	0.0117 (0.0126)	0.0727 (0.0731)		0.0028 (0.0223)	0.0090 (0.0132)
第二产业产值	0.2258 (0.1588)	-0.9941 (0.6293)		-1.1706*** (0.1964)	0.2534* (0.1484)
常数项	7.5325*** (1.5898)	-13.4211 (9.1819)		-0.0465 (1.2616)	7.7986*** (1.6091)
城市固定效应	是	是	否	否	是
年份固定效应	是	是	否	否	是
省份×年份固定效应	是	是	否	否	是
第一阶段F值			164.87***	516.22***	544.72***
工具变量t值			12.84***	7.85***	5.03***
Cragg-Donald Wald F			1036.044	589.259	142.429
样本量	819	819	832	819	819
R^2	0.9707	0.8750	0.3492	0.8668	0.9703

注：***、**和*分别代表1%、5%和10%的显著性水平，括号中的参数为省份层面的聚类标准误。下同。

为了验证人工智能对就业的产业溢出效应集中于高端服务业，本章将被解释变量替换为中心城市高端服务业和低端服务业的就业人数进行实证检验，同时均控制城市固定效应、年份固定效应、省份与年份固定效应交乘项和所有控制变量，如表6-4的第（1）—第（2）列所示。学术界普遍认为，高端服务业主要包括金融业、科学研究和技术服务业、租赁和商业服务业、信息传输计算机服务和软件业；低端服务业即为除高端服务业以外的其他服务业。① 表

---

① 余泳泽、潘妍：《中国经济高速增长与服务业结构升级滞后并存之谜——基于地方经济增长目标约束视角的解释》，《经济研究》2019年第3期；宣烨、陆静、余泳泽：《高铁开通对高端服务业空间集聚的影响》，《财贸经济》2019年第9期。

6-4 第（1）列的被解释变量是中心城市高端服务业就业，实证结果表明，人工智能的回归系数为 0.1509，在 1% 的显著性水平上通过了检验，即中心城市每多申请 1% 的人工智能专利，则当年的高端服务业平均就业率增加 0.1509%。表 6-4 第（2）列的被解释变量是中心城市低端服务业就业，但人工智能不显著。结合表 6-4 第（1）—第（2）列实证结果可以发现，中心城市人工智能发展对本地服务业就业的产业溢出效应主要集中于高端服务业，对低端服务业就业无显著影响。假说 3B 得以验证。

本章以工业就业人数和总就业人数作为被解释变量综合考察人工智能发展对中心城市就业的影响，如表 6-4 第（3）—第（4）列所示。第（3）列的被解释变量是中心城市工业部门就业人数，实证结果表明，中心城市人工智能的回归系数为 -0.0969，在 5% 的显著性水平上显著为负，即中心城市每多申请 1% 的人工智能专利，当年工业部门就业量就减少 0.0969%，也就是说，人工智能发展将显著降低工业部门的就业量，存在显著的就业替代效应。表 6-4 第（4）列的被解释变量是中心城市总就业量，人工智能的回归系数不显著，即中心城市人工智能发展对总就业量无显著影响。综上所述，中心城市人工智能发展对服务业就业的产业溢出效应基本抵消了人工智能对工业就业的替代效应。

表 6-4　　中心城市人工智能发展影响不同行业就业的回归结果

	（1）	（2）	（3）	（4）
	高端服务业就业	低端服务业就业	工业部门就业	总就业
人工智能	0.1509***	0.0177	-0.0969**	-0.0200
	(0.0329)	(0.0286)	(0.0494)	(0.0248)
科学技术财政支出	0.0221	0.0395*	0.1368**	0.0754**
	(0.0238)	(0.0221)	(0.0556)	(0.0338)

续表

	(1) 高端服务业就业	(2) 低端服务业就业	(3) 工业部门就业	(4) 总就业
教育财政支出	0.1700 (0.1043)	-0.0213 (0.0779)	0.1279 (0.1000)	0.1005 (0.0684)
在岗职工平均工资	-0.4273** (0.1873)	-0.7909*** (0.1707)	-2.0443** (1.0170)	-1.5208** (0.6682)
城乡居民储蓄年末余额	-0.0372 (0.0257)	0.0278 (0.0298)	-0.0148 (0.0686)	-0.0197 (0.0447)
人均GDP	-0.3178* (0.1782)	-0.2009 (0.1722)	-0.3863 (0.4205)	-0.2579 (0.2678)
外商直接投资	0.0113 (0.0196)	0.0112 (0.0123)	0.0037 (0.0378)	0.0020 (0.0258)
第二产业产值	0.3745** (0.1538)	0.2685* (0.1534)	0.5320 (0.3771)	0.3747 (0.2406)
常数项	5.4207** (2.4841)	9.2026*** (2.1671)	20.8922* (10.7338)	17.2386** (7.1758)
城市固定效应	是	是	是	是
年份固定效应	是	是	是	是
省份×年份固定效应	是	是	是	是
第一阶段F值	544.81***	564.99***	574.11***	533.61***
工具变量t值	4.58***	4.40***	3.41***	5.97***
Cragg-Donald Wald F	142.227	141.485	142.429	142.430
样本量	818	815	819	819
R^2	0.9748	0.9729	0.9104	0.9524

二 稳健性检验

为了检验人工智能影响劳动力就业的产业溢出效应的稳健性，本章进行了如下稳健性检验：第一，用单位劳动人工智能专利申请数的滞后一期作为工具变量进行实证分析；第二，替换解释变量。由于申请专利到专利授权，再到专利应用投产，广泛使用至影响工业部门和服务业部门就业存在较长时滞，故本章分别使用人工智能专利申请数的滞后一期的 AI_1、人工智能专利授权数 $AIpub$ 以及人工智能专利授权数的滞后一期 $AIpub\_1$ 作为解释变量进行实证分析,实证结果如表6-5、表6-6和表6-7所示。利用人工智能专利授权数进行实证分析与人工智能专利申请数据一致,2006—2018年,中心城市人工智能专利授权数占比仍超过95%,达97.80%,表明利用人工智能专利授权数划分中心城市进行实证分析仍是可行的。

表6-5第(1)—第(3)列的被解释变量是中心城市服务业部门就业,实证结果显示人工智能均在5%的水平上显著为正,表明中心城市人工智能发展对服务业就业产业溢出效应具有稳健性。表6-5第(4)—第(6)列的被解释变量为中心城市总就业量,与表6-4的实证结果一致,表明中心城市人工智能发展对总就业无显著影响,实证结果具有稳健性。

表6-5　　　　　　中心城市总就业的稳健性检验结果

	(1)	(2)	(3)	(4)	(5)	(6)
	服务业部门就业	服务业部门就业	服务业部门就业	总就业	总就业	总就业
人工智能专利申请数滞后一期	0.0999** (0.0453)			-0.0248 (0.0305)		
人工智能专利授权数		0.0841** (0.0374)			-0.0209 (0.0258)	
人工智能专利授权数滞后一期			0.1060** (0.0444)			-0.0263 (0.0314)
控制变量	是	是	是	是	是	是
城市固定效应	是	是	是	是	是	是
年份固定效应	是	是	是	是	是	是
省份×年份固定效应	是	是	是	是	是	是

续表

	(1)	(2)	(3)	(4)	(5)	(6)
	服务业部门就业	服务业部门就业	服务业部门就业	总就业	总就业	总就业
第一阶段 F 值	1325.28***	1168.03***	238.73***	1325.28***	1168.03***	238.73***
工具变量 t 值	5.52***	6.60***	6.53***	5.52***	6.60***	6.53***
Cragg-Donald Wald F	90.441	158.507	107.045	90.441	158.507	107.045
样本量	819	819	819	819	819	819
R^2	0.9701	0.9711	0.9711	0.9524	0.9524	0.9525

用中心城市高端服务业与低端服务业为被解释变量，替换解释变量的稳健性检验的实证结果如表6-6所示。表6-6第（1）—第（3）列的被解释变量为中心城市高端服务业就业，第（4）—第（6）列的被解释变量为中心城市低端服务业就业，前者均在1%的显著性水平上通过了检验，后者均不显著，即中心城市人工智能的发展对服务业就业的产业溢出效应集中在高端服务业，研究结论具有稳健性。

表6-6　中心城市高端服务业和低端服务业就业的稳健性检验结果

	(1)	(2)	(3)	(4)	(5)	(6)
	高端服务业就业	高端服务业就业	高端服务业就业	低端服务业就业	低端服务业就业	低端服务业就业
人工智能专利申请数滞后一期	0.1875***(0.0478)			0.0233(0.0363)		
人工智能专利授权数		0.1579***(0.0392)			0.0191(0.0302)	
人工智能专利授权数滞后一期			0.1990***(0.0533)			0.0254(0.0381)
控制变量	是	是	是	是	是	是

续表

	(1)	(2)	(3)	(4)	(5)	(6)
	高端服务业就业	高端服务业就业	高端服务业就业	低端服务业就业	低端服务业就业	低端服务业就业
城市固定效应	是	是	是	是	是	是
年份固定效应	是	是	是	是	是	是
省份×年份固定效应	是	是	是	是	是	是
第一阶段F值	1318.34***	980.69***	241.17***	240.17***	913.89***	196.32***
工具变量t值	5.52***	2.76***	6.53***	4.92***	2.46**	5.62***
Cragg-Donald Wald F	90.309	158.277	106.885	80.437	148.178	90.572
样本量	818	818	818	815	815	815
R^2	0.9727	0.9762	0.9739	0.9728	0.9730	0.9729

用工具变量替换单位劳动人工智能专利申请数滞后一期的实证结果如表6-7所示。根据表6-7第（1）—第（2）列的实证结果，中心城市人工智能对本地服务业部门就业具有显著的产业溢出效应，但是对总就业无显著影响。根据表6-7第（3）—第（4）列的研究结果，中心城市人工智能对高端服务业就业具有显著的产业溢出效应，但对低端服务业就业无显著影响，即中心城市人工智能发展对服务业就业存在产业溢出效应，主要集中在高端服务业，该结论与基准回归结果一致，具有稳健性。

表6-7　　　　　　　替换工具变量的稳健性检验结果

	(1)	(2)	(3)	(4)
	服务业部门就业	总就业	高端服务业就业	低端服务业就业
人工智能	0.1700***	0.0098	0.2655***	0.0569
	(0.0659)	(0.0379)	(0.0591)	(0.0360)
控制变量	是	是	是	是

续表

	(1)服务业部门就业	(2)总就业	(3)高端服务业就业	(4)低端服务业就业
城市固定效应	是	是	是	是
年份固定效应	是	是	是	是
省份×年份固定效应	是	是	是	是
第一阶段F值	628.06***	628.06***	627.71***	634.06***
工具变量t值	4.68***	4.68***	4.68***	4.28***
Cragg-Donald Wald F	47.720	47.720	47.653	44.449
样本量	819	819	818	815
R^2	0.9640	0.9534	0.9654	0.9726

第三节 基于空间溢出效应的人工智能影响就业的实证检验

一 基准回归结果

基于式（6-2）的回归结果如表6-8所示。第（1）列的被解释变量是外围城市总就业，控制外围城市人工智能专利申请数、城市固定效应和年份固定效应，实证结果显示，中心城市人工智能发展对外围城市劳动力就业的空间溢出效应系数为0.4650，在5%的显著性水平上显著。表6-8第（2）列在第（1）列的基础上加入控制变量，结果显示，中心城市人工智能发展对外围城市劳动力就业的空间溢出系数为0.4667，在10%的显著性水平上显著，即中心城市每多申请1%的人工智能专利，外围城市总就业量将增加0.4667%。也就是说，中心城市人工智能发展显著带动了外围城市的劳动力就业，产生空间溢出效应。假说3C得以验证。

表6-8第（3）—第（4）列的被解释变量为外围城市工业部门就业，第（4）列在第（3）列的基础上加入控制变量，实证结

果显示,中心城市人工智能发展对外围城市工业部门就业的空间溢出系数为0.7363,显著为正,在5%的显著性水平上通过了检验,即中心城市每多申请1%的人工智能专利,外围城市工业部门就业将增加0.7363%。

表6-8第(5)—第(6)列的被解释变量为外围城市服务业部门就业,实证结果显示,无论是否将控制变量纳入实证分析,中心城市人工智能对外围城市服务业部门劳动力就业的空间溢出系数均不显著,未通过显著性检验,即中心城市人工智能发展对外围城市服务业无显著的空间溢出效应,中心城市发展人工智能不会拉动外围城市的服务业就业。与工业不同,服务业往往需要面对面交易,因此城市之间的服务业具有不可贸易性,致使中心城市与外围城市的服务业空间辐射机制与空间关联机制较弱。因此,中心城市人工智能发展对外围城市劳动力就业的空间溢出效应主要集中于外围城市的工业部门,假说3D得以验证。

受中心城市经济发展空间溢出效应的影响,外围城市工业与服务业部门就业异质性影响还体现在中心城市生产总值的系数的显著差异上。如表6-8所示,工业部门的中心城市生产总值的回归系数显著为正,而在服务业部门不显著,即中心城市经济发展对外围城市劳动力就业的空间溢出效应主要集中于工业部门,对服务业部门就业无显著影响。

表6-8　　　　　　　　　空间溢出效应回归结果

	(1)	(2)	(3)	(4)	(5)	(6)
	总就业	总就业	工业部门就业	工业部门就业	服务业部门就业	服务业部门就业
人工智能	0.0108 (0.0115)	0.0044 (0.0110)	0.0158 (0.0162)	0.0050 (0.0159)	0.0132 (0.0100)	0.0065 (0.0104)

续表

	(1) 总就业	(2) 总就业	(3) 工业部门就业	(4) 工业部门就业	(5) 服务业部门就业	(6) 服务业部门就业
科学技术财政支出		0.0268** (0.0115)		0.0340* (0.0185)		0.0213*** (0.0080)
教育财政支出		0.0065 (0.0151)		0.0062 (0.0238)		0.0117 (0.0134)
在岗职工平均工资		-0.0761* (0.0459)		-0.1545 (0.1117)		-0.0176 (0.0366)
城乡居民储蓄年末余额		0.0797*** (0.0281)		0.0807 (0.0546)		0.0829*** (0.0188)
人均GDP		0.0110 (0.0579)		-0.0709 (0.0942)		0.0787 (0.0536)
第二产业产值		0.0670* (0.0348)		0.2113*** (0.0534)		-0.0303 (0.0423)
中心城市人工智能发展水平	0.4650** (0.2038)	0.4667* (0.2393)	0.5634** (0.2363)	0.7363** (0.3444)	0.1617 (0.2250)	0.2132 (0.2038)
中心城市生产总值	1.8936** (0.7883)	1.0433* (0.5647)	2.7472** (1.1740)	1.5371* (0.8411)	0.5587 (0.4945)	0.1244 (0.3926)
城市固定效应	是	是	是	是	是	是
年份固定效应	是	是	是	是	是	是
LogL	2214.6000	2332.4342	709.6084	829.4162	2808.7448	2971.8683
LR (lag)	287.70***	111.54***	248.13***	115.69***	127.85***	25.95***
LR (Error)	284.19***	119.96***	244.90***	124.12***	96.33***	8.12**
样本量	3354	3354	3354	3354	3354	3354
R^2	0.4065	0.4724	0.2970	0.3659	0.3317	0.4866

注：实证模型为空间杜宾模型（SDM），下同。

本章以平均年末人口数量作为界限对外围城市进行划分，将外围城市划分为人口较多的外围城市和人口较少的外围城市两类，实证分析中心城市人工智能发展对两类外围城市服务业部门就业的空间溢出效应，结果如表6-9所示。第（1）列的被解释变量为人口较多的外围城市服务业部门就业，中心城市人工智能发展对人口较多外围城市服务业部门就业的空间溢出系数为 0.2098，在 10% 的显著性水平上通过了检验，即中心城市每多申请 1% 的人工智能专利，人口较多的外围城市服务业部门就业将增加 0.2098%。表 6-9 第（2）列的被解释变量是人口较少的外围城市服务业部门就业，LR（Error）未通过显著性检验，表明人口较少的外围城市服务业就业未受到中心城市人工智能发展的影响，中心城市人工智能发展水平和中心城市生产总值的系数均不显著，即中心城市人工智能发展能否拉动外围城市服务业部门就业同时受外围城市当地人口条件的影响。由于人口较多的外围城市服务业具有较大的发展潜力，因此往往能够借助中心城市人工智能发展的空间溢出效应，提升自身就业吸纳能力。假说 3E 得以验证。

表 6-9　服务业部门就业空间溢出效应的异质性分析结果

	（1）	（2）
	人口较多的外围城市	人口较少的外围城市
本地人工智能发展水平	0.0019	0.0038
	(0.0125)	(0.0149)
中心城市人工智能发展水平	0.2098*	0.0800
	(0.1102)	(0.2167)
中心城市生产总值	0.1154	-0.4878
	(0.2275)	(0.7295)
控制变量	是	是
城市固定效应	是	是
年份固定效应	是	是
LogL	2368.3453	1845.1558
LR（lag）	16.30***	6.19**
LR（Error）	21.81***	-3.01
样本量	2223	1963
R^2	0.5409	0.3902

二 稳健性检验

本章利用中心城市人工智能专利申请数的滞后一期 AI_1、人工智能专利授权数 $AIpub$、人工智能专利授权数的滞后一期 $AIpub\_1$ 替换前文中的被解释变量进行稳健性检验,实证结果如表 6-10 与表 6-11 所示。

用外围城市总就业量作为被解释变量的稳健性检验结果如表 6-10 所示,研究发现,中心城市人工智能发展对外围城市总就业量存在显著的空间溢出效应。该结论与基准回归结果一致,实证结果具有稳健性。

表 6-10　　　　　　　外围城市总就业的稳健性检验结果

	(1)	(2)	(3)
	总就业	总就业	总就业
中心城市人工智能专利申请数的滞后一期	0.5513 * (0.2857)		
中心城市人工智能专利授权数		0.4368 * (0.2459)	
中心城市人工智能专利授权数的滞后一期			0.8481 ** (0.4121)
控制变量	是	是	是
城市固定效应	是	是	是
年份固定效应	是	是	是
$LogL$	2330.9068	2323.1130	2334.6842
LR (lag)	108.49 ***	92.90 ***	116.04 ***
LR ($Error$)	116.00 ***	100.41 ***	123.56 ***
样本量	3354	3354	3354
R^2	0.4683	0.4581	0.4735

用外围城市工业部门和服务业部门就业作为被解释变量的稳健

性检验结果如表6-11所示。表6-11第（1）—第（3）列的回归系数均在5%的显著性水平上通过了检验，即中心城市人工智能发展对外围城市工业部门就业的空间溢出效应具有稳健性，该结论与基准回归结果一致。表6-11第（4）—第（6）列的回归系数均未通过显著性检验，即中心城市人工智能发展对外围城市服务业部门就业的影响与基准回归一致，无显著影响，研究结论具有稳健性。

表6-11 外围城市工业部门和服务业部门就业的稳健性检验结果

	（1）工业部门就业	（2）工业部门就业	（3）工业部门就业	（4）服务业部门就业	（5）服务业部门就业	（6）服务业部门就业
中心城市人工智能专利申请数的滞后一期	0.8782** (0.4211)			0.2513 (0.2213)		
中心城市人工智能专利授权数		0.7167** (0.3651)			0.1912 (0.1792)	
中心城市人工智能专利授权数的滞后一期			1.3376** (0.5999)			0.3764 (0.3324)
控制变量	是	是	是	是	是	是
城市固定效应	是	是	是	是	是	是
年份固定效应	是	是	是	是	是	是
$LogL$	828.0287	820.7883	831.6636	2971.1262	2968.2699	2971.8943
$LR\ (lag)$	112.92***	98.44***	120.19***	24.46***	18.75***	26.00***
$LR\ (Error)$	121.35***	106.87***	128.62***	6.63**	0.92	8.17**
样本量	3354	3354	3354	3354	3354	3354
R^2	0.3612	0.3522	0.3663	0.4846	0.4803	0.4863

第四节　人工智能的就业效应探究

基于人工智能发展的空间分布特征及其对就业的产业溢出效应和空间溢出效应，人工智能发展对就业的总体影响体现在以下三个方面。

第一，人工智能发展的中心城市存在结构性就业问题。表面上看，中心城市人工智能发展对服务业部门就业的产业溢出效应抵消了对工业部门的就业替代效应，使得人工智能发展对中心城市就业无显著影响。但劳动力在工业部门和服务业部门之间存在流动壁垒，导致人工智能发展的中心城市面临一定的结构性就业问题：一方面，人工智能在工业部门替代劳动力，产生供给缺口，该部门劳动力面临一定的失业风险；另一方面，人工智能在高端服务业产生对就业的产业溢出效应，产生需求缺口。高端服务业就业岗位需要劳动力研发、设计、创新等能力，在工业部门被替代的劳动力自身技能水平短期内无法与当地高端服务业需求相匹配。因此，在人工智能快速发展的背景下，工业部门劳动力不断流出、高端服务业人才不断流入是中心城市就业变化的主要特征。

第二，人工智能发展的空间溢出效应是解决中心城市结构性就业问题的关键。一方面，中心城市人工智能发展对外围城市就业产生显著的空间溢出效应，使得外围城市工业部门就业吸纳能力不断提升；另一方面，得益于外围城市与中心城市产业链的上下游关系，中心城市工业部门流出的劳动力向外围城市转移的壁垒较低。因此，吸纳中心城市流出的劳动力、借助中心城市人工智能发展不断扩大就业总量是外围城市就业变化的主要特征。

第三，现阶段人工智能的发展在整体上有利于提升就业总量。前文的回归结果表明，中心城市人工智能专利申请数每上升1个百分点，本地服务业部门就业上升 0.0804 个百分点，基本抵消了对工业部门就业的替代效应，同时拉动外围城市总就业提升 0.4667 个百分点。考虑人工智能发展的空间布局及其对就业的空间溢出效应后，现阶段人工智能发展在整体上有利于提升就业总量。

第五节　本章小结

本章通过将深度学习与机器学习的专利数据与行业就业数据进行匹配，形成 2006—2018 年直辖市、地级市面板数据，划分人工智能发展的中心城市和外围城市，从产业溢出和空间溢出的视角重新评估人工智能发展的就业效应，有如下研究发现。

第一，人工智能发展通过提高制造业与服务业关联性的产业关联机制，以及人工智能技术与服务业深度融合的产业融合机制，产生对就业的产业溢出效应，有利于创造新的就业岗位。中心城市人工智能发展通过产业溢出效应有效促进服务业就业扩张，数量上抵消了对工业部门的就业替代效应。分行业研究发现，人工智能发展对就业的产业溢出效应集中于高端服务业。

第二，中心城市人工智能发展通过拉动外围城市上下游关联产业发展的空间关联机制，以及带动外围城市经济发展的空间辐射机制，产生对就业的空间溢出效应，有利于扩大外围城市就业总量。利用空间杜宾模型的实证分析发现，中心城市人工智能发展有效带动外围城市工业部门就业扩张，对人口密度较高的外围城市服务业就业存在正向影响。

第三，人工智能发展的中心城市存在工业部门劳动力不断流出、高端服务业人才不断流入的结构性就业问题，而人工智能发展的空间溢出效应是解决中心城市结构性就业问题的关键。借助空间溢出效应，现阶段人工智能发展整体上有利于提升就业总量。

本章的研究结论对中国发展人工智能的同时推进就业优先战略具有重要的政策意义。

第一，加快推动服务业智能化发展，通过产业溢出效应创造充足的新就业岗位。人工智能通过产业溢出效应在服务业部门创造新的就业岗位，有利于扩大就业总量。以人工智能的发展和普及为动力，催生、培育服务业新业态、新模式，提升服务业就业吸纳能力。

第二，继续推进人工智能发展，构建人工智能多中心发展格局。人工智能发展未对中国就业总量带来显著负向冲击，并可以通过空间溢出效应拉动外围地区就业。为充分发挥人工智能的产业溢出效应和空间溢出效应，一方面需借助中国的超大规模市场优势，增加研发投入，鼓励探索人工智能核心技术，开发人工智能新产品、新技术，促进人工智能技术设备的普及应用；另一方面，规划建设京津冀、长三角、粤港澳、成渝、关中平原、长江中游等人工智能发展中心地区，辐射带动周边地区人工智能普及应用，推动新业态、新模式发展，充分发挥人工智能发展拉动就业的空间溢出效应，提升区域就业水平。

第七章

人工智能发展对就业质量的影响研究

进入新发展阶段，中国经济已由高速增长转变为高质量发展，正处在转变发展方式、优化经济结构、转换增长动力的攻坚期，这就要求必须以改革创新作为根本动力，推动经济实现质量变革、效率变革、动力变革。为实现经济高质量发展，《中华人民共和国国民经济和社会发展第十四个五年规划和2035年远景目标纲要》中提出要加强关键数字技术创新应用，聚焦人工智能关键算法领域，推动数字产业化，培育壮大人工智能、大数据、区块链、云计算、网络安全等新兴数字产业；同时，还要有效提升劳动者技能，提高就业质量，形成人力资本提升和产业转型升级的良性循环。人工智能的快速发展，将进一步提高生产的自动化程度，深刻改变已有的生产方式，对中国的劳动力就业结构、工资水平与收入分配状况产生深远影响。尤其是在"机器换人"的大背景下，面对新冠疫情的冲击，实现人工智能与就业质量双重发展不仅有利于提升相关产业的核心竞争力、实现创新驱动高质量发展，更有利于贯彻落实就业优先战略、促进全体人民实现共同富裕。

当前，关于人工智能与就业之间的研究成果较为丰富，主要从以下两个方面开展。

第一，人工智能影响就业的研究。人工智能带来生产自动化水平的提高，取代部分劳动者的就业，① 对劳动力就业产生替代效应；人工智能会促进就业增长，优化就业结构，② 带来劳动力就业的促进效应。技能偏好型技术进步视域下人工智能对不同技能劳动力就业影响不同，高技能劳动力就业机会增加，低技能劳动力失业风险增加。③ 此外，人工智能技术发展对于岗位更迭呈现异质性影响，在低技术部门表现为自动化扩张形态，而在高技术部门增加劳动岗位。④ 由于人工智能在不同行业间发挥的替代效应和促进效应不同，会造成就业与失业的两极分化。⑤ 人工智能应用显著提升人力资源从业者的就业质量。⑥

第二，人工智能影响就业质量的研究。人工智能发展通过提升职业教育水平，有利于提升就业质量，李文和许艳丽认为"智能+职业教育"利用大数据赋能职业教育，能够实现时效、超前与精准的专业设置，成为劳动力应对人工智能时代的职业变迁、人机协

---

① Erik Brynjolfsson, Andrew McAfee, *The Second Machine Age: Work, Progress, and Prosperity in a Time of Brilliant Technologies*, New York: W. W. Norton & Company, 2014；何勤等：《人工智能技术应用对就业的影响及作用机制研究——来自制造业企业的微观证据》，《中国软科学》2020年第S1期。

② 邓洲、黄娅娜：《人工智能发展的就业影响研究》，《学习与探索》2019年第7期；Daron Acemoglu and Pascual Restrepo, "The Race between Man and Machine: Implications of Technology for Growth, Factor Shares, and Employment", *American Economic Review*, Vol. 108, No. 6, 2018, pp. 1488–1542；何勤、邱玥：《人工智能的就业效应研究：锦上添花抑或是釜底抽薪？》，《北京联合大学学报》（人文社会科学版）2020年第2期。

③ 刘晓莉、许艳丽：《技能偏好型技术进步视阈下人工智能对技能人才就业的影响》，《中国职业技术教育》2018年第15期；惠树鹏、朱晶莹：《工业智能化影响劳动力就业结构的门槛分析》，《产经评论》2021年第3期；魏建、徐恺岳：《人工智能技术发展对城乡收入差距的影响》，《浙江工商大学学报》2021年第4期。

④ 王林辉、胡晟明、董直庆：《人工智能技术会诱致劳动收入不平等吗——模型推演与分类评估》，《中国工业经济》2020年第4期。

⑤ David Autor and David Dorn, "The Growth of Low-Skill Service Jobs and the Polarization of the US Labor Market", *American Economic Review*, Vol. 103, No. 5, 2013, pp. 1553–1597；刘刚、刘晨：《智能经济发展中的"极化"效应和机制研究》，《南开学报》（哲学社会科学版）2020年第6期。

⑥ 毛宇飞、胡文馨：《人工智能应用对人力资源从业者就业质量的影响》，《经济管理》2020年第11期。

同、云劳动等颠覆性变革与新挑战的重要途径。①

综上所述,目前关于就业质量的研究多集中于构建指标并测算,而针对人工智能发展影响就业的研究多集中于就业数量和就业结构,涉及人工智能影响就业质量的研究较少,且鲜有文献综合考察数字化治理背景下人工智能发展对就业质量的影响。已有研究发现,人工智能将对劳动力就业产生替代效应与创造效应,对总就业的影响取决于替代效应与创造效应的相对大小,并且对不同行业就业的影响存在异质性,会挤出制造业就业,产生就业极化现象。劳动力就业结构的变化势必会对劳动力的就业环境、就业状况、劳动者报酬、社会报酬与劳动关系等产生影响。因此,新技术的广泛使用会对就业质量产生深刻影响。

基于此,本章利用交叉熵无偏赋权法测度2007—2018年中国省级就业质量水平,实证检验人工智能发展对就业质量的影响,考察数字化治理在人工智能影响就业质量过程中的调节效应。

第一节 人工智能影响就业质量的模型构建与变量选择

一 就业质量指标体系的构建与测评

本章参考赖德胜等的研究,② 构建包含就业能力、就业环境、就业状况、劳动保护、劳动者报酬、劳动关系6个一级指标的中国省级就业质量指标体系(见表7-1)。其中,就业能力的二级指标主要关注劳动力教育、职工培训;就业环境的二级指标主要关注就业弹

---

① 李文、许艳丽:《工作世界的变革与"智能+职业教育"的应对》,《高等工程教育研究》2021年第2期。
② 赖德胜等:《中国各地区就业质量测算与评价》,《经济理论与经济管理》2011年第11期;苏丽锋:《我国新时期个人就业质量研究——基于调查数据的比较分析》,《经济学家》2013年第7期。

性、就业服务与人口年龄结构状况；就业状况的二级指标关注劳动力失业、就业结构、就业稳定性、就业公平、工作安全；劳动保护的二级指标关注社会保险、养老保障等状况；劳动者报酬的二级指标关注劳动力收入与增长情况；劳动关系的二级指标关注工会组织建设、劳资关系。本章所需的指标数据来自国家统计局网站、中国统计年鉴、中国人口和就业统计年鉴、中国劳动统计年鉴，以及各省份的统计年鉴，剔除部分数据缺失的西藏自治区以及不易获取数据的中国香港、中国澳门和中国台湾地区。为便于不同年份进行比较，本章以2007年为基期，测算2007—2018年中国30个省份就业质量的相对水平。

表7-1　　　　　　　　　就业质量指标体系

总指标	一级指标	二级指标	指标类型
就业质量	就业环境	就业弹性	正向（+）
		人均职业介绍机构数量	正向（+）
		职业介绍机构服务效率	正向（+）
		人均就业培训投入	正向（+）
		人均就业培训机构数	正向（+）
		劳动年龄人口占比	正向（+）
	就业能力	人均教育经费	正向（+）
		劳动力受教育年限	正向（+）
		在职职工接受培训比例	正向（+）
		技工比例	正向（+）
	就业状况	劳动参与率	正向（+）
		失业率	负向（-）
		长期失业者占比	负向（-）
		第三产业就业比重	正向（+）
		城镇就业比重	正向（+）
		就业效率	正向（+）
		单位就业比例	正向（+）
		城乡收入差距	负向（-）

续表

总指标	一级指标	二级指标	指标类型
就业质量	就业状况	行业工资差距	负向（−）
		所有制工资差距	负向（−）
		职业病发生率	负向（−）
		工伤事故发生率	负向（−）
		工伤事故死亡率	负向（−）
	劳动者报酬	工资水平	正向（+）
		在岗职工平均工资	正向（+）
		工资增速	正向（+）
		工资总额占 GDP 比重	正向（+）
		制造业平均劳动报酬	正向（+）
		建筑业平均劳动报酬	正向（+）
	劳动保护	平均社保参保比例	正向（+）
		人均财政社保支出	正向（+）
		养老保障负担	负向（−）
	劳动关系	工会参与率	正向（+）
		工会调解效率	正向（+）
		人均劳动争议发生率	负向（−）
		集体劳动争议当事人数占比	负向（−）
		劳动争议结案率	正向（+）

根据设计的指标体系，考虑信息熵熵权法在经济学应用中的缺陷，本章参考崔彦哲和赵林丹的研究，[①] 利用交叉熵无偏赋权法确定指标权重。首先，标准化处理指标。利用以下公式对正向指标进行标准化处理：

$$X'_{ijt} = \frac{X_{ijt} - \min\{X_{1j1}, \cdots, X_{30j1}\}}{\max\{X_{1j1}, \cdots, X_{30j1}\} - \min\{X_{1j1}, \cdots, X_{30j1}\}}$$

利用以下公式对负向指标进行标准化处理：

[①] 崔彦哲、赵林丹：《基于交叉熵的无偏赋权法》，《数量经济技术经济研究》2020 年第 3 期。

$$X'_{ijt} = \frac{\max\{X_{1j1}, \cdots, X_{30j1}\} - X_{ijt}}{\max\{X_{1j1}, \cdots, X_{30j1}\} - \min\{X_{1j1}, \cdots, X_{30j1}\}}$$

其中，X_{ijt} 为第 i 个省份第 t 年的第 j 个指标数据，$i=1,\cdots,30$；$t=1,\cdots,12$；$j=1,\cdots,37$。[①]

利用交叉熵无偏赋权法要求所有变量均为正数，因此需要对标准化处理后的指标进行正向化处理。若指标中存在负数，处理公式为：

$$X''_{ijt} = X'_{ijt} - \min(X'_{ijt})$$

为方便计算，所有指标数据均为正数的指标直接记为 X''_{ijt}。

其次，计算第 i 个省份每个指标值在整个指标中所占的比重：

$$P_{ijt} = \frac{X''_{ijt}}{\sum_{t=1}^{12} X''_{ijt}}$$

基于以上比重，计算第 i 个省份 j 指标的交叉熵熵值：

$$c\_e_{ij} = -\sum_{k=1}^{37}\sum_{j=1}^{12} P_{ijt} \ln P_{ijt}$$

并进行标准化处理：

$$std\_ce_{ij} = \frac{c\_e_{ij} - mean(c\_e_{ij})}{std(c\_e_{ij})}$$

其中，$mean(c\_e_{ij})$ 和 $std(c\_e_{ij})$ 分别为第 i 个省份 j 指标数值的均值和标准差。

再次，将标准化的交叉熵熵值映射到 [0, 1] 上：

$$w\_ce_{ij} = \frac{1}{1 + e^{-std\_ce_{ij}}}$$

最后，确定第 i 个省份 j 指标的权重：

$$cw_{ij} = \frac{1 - w\_ce_{ij}}{37 - \sum_{j=1}^{37} w\_ce_{ij}}$$

[①] 为节省篇幅，对年份进行简化处理。$t=1,\cdots,12$ 分别对应 2007—2018 年。

利用从业人数对各省份指标权重进行加权平均，确定：

$$w_j = \frac{\sum_{i=1}^{30}(L_i cw_{ij})}{\sum_{i=1}^{30} L_i}$$

其中，L_i 为考察期内第 i 个省份从业人数的平均值。

本节利用交叉熵无偏赋权法，基于表 7-1 所构建的中国省级就业质量指标体系，对 2007—2018 年中国省级就业质量进行测算，具体结果如表 7-2 所示。整体来看，2007 年以来中国各省份就业质量整体呈现稳步上升趋势，表明各省份就业质量逐年提升。2007 年，30 个省级行政区平均就业质量为 0.7603，2018 年上升至 1.5141。从区域分布的角度来看，中国各省份就业质量分布与城市群分布高度一致。位于京津冀城市群的北京、天津，包含长三角城市群的上海、浙江、江苏，包含珠三角城市群的广东，包含成渝城市群的四川、重庆，就业质量均处于全国领先位置。另外，由于近年来共建"一带一路"的稳步推进以及对口援疆政策，西部地区的新疆、宁夏就业质量相对较好。[①]

表 7-2　　　　　　　　2007—2018 年中国省级就业质量

	2007 年	2008 年	2009 年	2010 年	2011 年	2012 年	2013 年	2014 年	2015 年	2016 年	2017 年	2018 年
北京	1.0766	1.1193	1.1065	1.1762	1.4010	1.5215	1.6943	1.8485	1.9839	2.1345	2.3761	2.5312
天津	0.9335	0.9592	1.0135	1.0999	1.2493	1.3359	1.3895	1.4516	1.5636	1.5325	1.6660	1.6821
河北	0.6928	0.7240	0.7526	0.8032	0.9940	1.0063	1.0074	1.1072	1.1344	1.1552	1.2580	1.3307
山西	0.7339	0.7853	0.8472	0.8843	1.1460	1.1856	1.1852	1.2774	1.3062	1.3522	1.4596	1.4974
内蒙古	0.7430	0.8027	0.7989	0.8724	1.0402	1.1132	1.1139	1.4205	1.5889	1.2982	1.3509	1.3798
辽宁	0.7183	0.8091	0.8581	0.8965	1.0919	1.1475	1.1530	1.1964	1.1698	1.1103	1.1312	1.1759

---

① 戚聿东、刘翠花、丁述磊：《数字经济发展、就业结构优化与就业质量提升》，《经济学动态》2020 年第 11 期。

续表

	2007年	2008年	2009年	2010年	2011年	2012年	2013年	2014年	2015年	2016年	2017年	2018年
吉林	0.7549	0.7652	0.8126	0.8753	1.0144	1.0532	1.0874	1.1454	1.1490	1.1979	1.2231	1.3538
黑龙江	0.7264	1.0200	0.7950	0.8471	0.9890	1.0205	0.9846	1.0104	1.0170	0.9871	0.9203	0.9167
上海	1.0406	1.0305	1.1172	1.1953	1.3773	1.5061	1.5494	1.6717	1.7124	1.9222	2.1527	2.2777
江苏	0.8699	0.8868	0.9355	1.0051	1.2571	1.3257	1.2935	1.3448	1.3946	1.4332	1.5199	1.6586
浙江	0.8391	0.8513	0.8968	0.9414	1.1642	1.2333	1.2821	1.4145	1.5119	1.5667	1.6630	1.7278
安徽	0.6619	0.7125	0.7717	0.8183	1.0727	1.0695	1.0808	1.1832	1.2322	1.2650	1.3991	1.4902
福建	0.7311	0.7957	0.8281	0.8933	0.9869	1.0439	0.9956	1.1323	1.1771	1.1581	1.2512	1.3033
江西	0.7204	0.7465	0.8264	0.8661	1.0112	1.0768	1.0070	1.0493	1.0792	1.1400	1.2476	1.3321
山东	0.7464	0.7913	0.8252	0.8778	1.0926	1.1759	1.1224	1.1969	1.2664	1.2874	1.3277	1.3478
河南	0.7255	0.7232	0.7856	0.8110	0.9130	1.0522	1.1031	1.0237	1.0776	1.1027	1.1532	1.1973
湖北	0.7348	0.7512	0.8171	0.8735	1.0239	1.1218	1.0557	1.1481	1.1856	1.1890	1.2377	1.3066
湖南	0.7055	0.7397	0.7695	0.7886	1.0277	1.0436	1.0545	1.1599	1.1160	1.1639	1.2664	1.4139
广东	0.8487	0.8548	0.8982	0.9800	1.3422	1.3774	1.3441	1.4598	1.5517	1.6593	1.7593	1.9250
广西	0.7476	0.7713	0.8151	0.8455	0.9861	0.9614	1.0390	1.0416	1.0864	1.0996	1.1857	1.3047
海南	0.6862	0.6910	1.0846	1.1486	1.0852	1.0539	1.0797	1.1407	1.2105	1.2260	1.3322	1.4475
重庆	0.7028	0.7697	0.8021	0.9465	1.1276	1.1779	1.2177	1.3155	1.3514	1.4348	1.5132	1.6644
四川	0.6984	0.7295	0.7914	0.8635	1.1596	1.2032	1.1659	1.2908	1.3452	1.3957	1.5885	1.7490
贵州	0.6528	0.7063	0.7312	0.7622	0.9449	0.9632	1.0125	1.0920	1.1798	1.1835	1.3211	1.4967
云南	0.6816	0.8956	0.7308	0.7870	0.9786	0.9553	0.9978	1.0679	1.1558	1.2689	1.3363	1.4478
陕西	0.7140	0.7563	0.8050	0.8472	0.9354	1.0022	1.0491	1.1102	1.1762	1.2318	1.2999	1.3698
甘肃	0.6972	0.7400	0.7585	0.8139	1.0375	1.0890	1.0686	1.1565	1.2021	1.2254	1.2673	1.3358
青海	0.7183	0.7819	0.8134	0.8538	1.0688	1.0621	1.1159	1.1988	1.2605	1.2203	1.2679	1.3748
宁夏	0.7310	0.7416	0.8648	0.9214	1.2899	1.2755	1.2496	1.3418	1.4338	1.5991	1.7004	1.7574
新疆	0.7743	0.7974	0.8478	0.9107	1.2276	1.2050	1.2846	1.3692	1.4896	1.5622	1.6024	1.6275

二 实证模型和变量选择

基于上述中国省级就业质量情况，本章构建以下实证模型，进一步实证分析人工智能对就业质量的影响效应：

$$emq_{it} = \alpha_0 + \alpha_1 AI_{it} + \sum_{k=1}^{n} \lambda_k X_{it} + \mu_i + \gamma_t + \mu_i \times \gamma_t + \varepsilon_{it}$$

其中，t 表示年份，i 表示省份，emq_{it} 表示就业质量及各项子指标，AI_{it} 表示人工智能发展。X_{it} 为影响就业质量的控制变量。本章还对省份固定效应 μ_i 与年份固定效应 γ_t 进行控制，分别控制省份既有特征可能对就业质量的影响与控制经济发展等趋势因素对就业质量的影响。本章为了控制中国省级行政区层面随时间变化的最低工资政策、公共服务政策以及就业保障政策等可能会对就业质量产生影响的因素，加入省份固定效应 μ_i 与年份固定效应 γ_t 的交乘项，克服可能由遗漏变量导致的内生性问题。ε_{it} 为随机扰动项。

本章被解释变量为就业质量，依据已有文献构建上述就业质量指标体系（见表 7-1），利用交叉熵无偏赋权法计算所得（见表 7-2），得分越高代表该省份就业质量越高。本章核心解释变量为人工智能发展，由于人工智能技术的核心是机器学习和深度学习，[①] 故本章利用国家知识产权局专利检索统计数据，以机器学习与深度学习为关键词检索 2007—2018 年人工智能专利申请和授权情况，与专利申请和授权地区进行匹配，得出 30 个省级行政区人工智能专利申请和授权情况，衡量省份人工智能发展水平。考虑人工智能专利由申请到授权存在时滞，本章利用滞后一期的人工智能专利申请数作为核心解释变量。

控制变量方面，本章选取经济发展水平 lnpgdp（以人均地区生产总值的自然对数值表示）、产业结构 serv（以第三产业增加值占地区生产总值比重表示）、外商直接投资 FDI（以外商直接投资占地区生产总值比重表示）、交通通达度 postal（以人均邮电业务量表示）、人口规模 lnpop（以年末人口数的自然对数值表示）作为实证分析的控制变量。

[①] Daron Acemoglu and Pascual Restrepo, "The Wrong Kind of AI? Artificial Intelligence and the Future of Labor Demand", *NBER Working Paper*, No. 25682, 2019, https：//www.nber.org/papers/w25682.pdf.

本章选取2007—2018年除西藏自治区、香港特别行政区、澳门特别行政区、台湾地区以外的30个省级行政区的面板数据作为研究样本，控制变量数据均来自国家统计局网站、中国统计年鉴及各省份的统计年鉴。在测算就业质量时，为提高不同年份数据的可比性，本章利用CPI指数对工资水平、劳动报酬等指标进行平减。对于个别年份缺失数据，本章采用差值法进行补齐。主要变量描述性统计结果如表7-3所示。

表7-3 主要变量的描述性统计结果

变量类型	变量	观测值	平均值	标准差	最小值	最大值
被解释变量	就业质量	360	1.1298	0.3075	0.6528	2.5312
	就业环境	360	0.0847	0.0381	0.0331	0.4440
	就业能力	360	0.0866	0.0502	0.0133	0.4203
	就业状况	360	0.2718	0.0261	0.1818	0.3559
	劳动者报酬	360	0.2036	0.1200	0.0231	0.7643
	劳动保护	360	0.3386	0.1312	0.0316	0.9874
	劳动关系	360	0.1445	0.0327	0.0715	0.2522
解释变量	人工智能专利申请数	360	58.4139	219.1688	0	2363
控制变量	经济发展水平	360	10.4949	0.5469	8.9591	11.9248
	产业结构	360	0.4617	0.0912	0.2979	0.8309
	外商直接投资	360	0.0002	0.0002	0.0000	0.0018
	交通通达度	360	0.2112	0.1552	0.0618	1.0246
	人口规模	360	8.1867	0.7455	6.3135	9.4212

第二节 人工智能影响就业质量的实证检验

一 基准回归结果

首先，本章考察以就业质量总指标为被解释变量的基准回归结果（见表7-4）。回归结果一致表明，人工智能发展对劳动力的就业质量存在显著的正向影响。具体而言，表7-4第（1）列的解释变量仅有人工智能发展水平，结果显示人工智能发展的回归系数为 0.0014，在 1% 的显著性水平上显著。第（2）列在第（1）列的基础上引入控制变量。第（3）—第（5）列在此基础上依次控制省份固定效应、年份固定效应以及两者的交乘项。实证结果显示，人工智能发展的回归系数仍保持显著。以第（5）列为例，人工智能发展的回归系数为 0.0004，在 5% 的显著性水平上显著，即每多申请 1% 人工智能专利，当地就业质量平均增加 0.0004%。人工智能发展有利于提升就业质量。假说 4A 得以验证。

表 7-4　　　　　　　　　　　　基准回归结果

	（1）	（2）	（3）	（4）	（5）
人工智能	0.0014***	0.0007***	0.0005***	0.0004**	0.0004**
	(0.0003)	(0.0001)	(0.0001)	(0.0001)	(0.0001)
经济发展水平		0.3556***	0.4718***	0.0054	0.0184
		(0.0233)	(0.0453)	(0.1503)	(0.1622)
产业结构		0.6569***	0.6311*	-0.3031	-0.2922
		(0.1929)	(0.3110)	(0.6098)	(0.5899)
外商直接投资		9.1376	65.0407	52.9946	52.6508
		(81.8061)	(93.3876)	(86.3074)	(86.7557)
交通通达度		-0.1459	-0.1052	0.1353	0.1387
		(0.1115)	(0.0878)	(0.2155)	(0.2125)
人口规模		-0.0365*	1.7530***	1.4552***	1.4693***
		(0.0186)	(0.3348)	(0.3590)	(0.3830)
常数项	1.1184***	-2.5886***	-18.4709***	-11.0191***	-9.6193
	(0.0141)	(0.2689)	(2.5691)	(3.8642)	(11.4179)
省份固定效应	否	否	是	是	是
年份固定效应	否	否	否	是	是
省份×年份固定效应	否	否	否	否	是
R^2	0.3250	0.7574	0.8849	0.9067	0.9067
观测值	330	330	330	330	330

注：（1）括号内数值为稳健标准误；（2）***、**和*分别表示在 1%、5% 和 10% 水平上显著。下同。

在控制年份固定效应后,经济发展水平 lnpgdp、产业结构 serv 的回归系数不再显著,表明就业质量提升与经济发展和第三产业发展存在相同的发展趋势,但不存在显著的相关关系。外商直接投资、交通通达度对就业质量无显著影响。人口规模对就业质量存在显著正向影响。

其次,为深入考察人工智能发展对就业质量的影响,本章以就业质量的一级指标,即以就业环境、就业能力、就业状况、劳动者报酬、劳动保护、劳动关系为被解释变量进行检验(见表7-5)。具体而言,第(1)、第(2)、第(3)、第(6)列结果显示,人工智能发展的回归系数未通过显著性检验,表明人工智能发展对就业环境、就业能力、就业状况、劳动关系无显著影响。第(4)列结果显示,人工智能发展水平的回归系数为0.0001,在5%的显著性水平上显著,即人工智能发展可有效提高劳动者报酬。每多申请1项人工智能专利,该省份劳动者报酬指标平均上升0.0001。第(5)列结果显示,人工智能发展水平的回归系数为0.0003,在1%的显著性水平上通过了检验,表明人工智能发展可有效改善劳动保护状况。结合表7-4和表7-5的回归结果可以看出,人工智能发展主要通过提升劳动者报酬、改善劳动保护状况进而提升就业质量。假说4B得以验证。

表7-5　　　　　　　　就业质量一级指标回归结果

	(1)就业环境	(2)就业能力	(3)就业状况	(4)劳动者报酬	(5)劳动保护	(6)劳动关系
人工智能	0.0000 (0.0000)	-0.0000 (0.0000)	0.0000 (0.0000)	0.0001** (0.0000)	0.0003*** (0.0001)	-0.0000 (0.0000)
控制变量	已控制	已控制	已控制	已控制	已控制	已控制
省份固定效应	是	是	是	是	是	是
年份固定效应	是	是	是	是	是	是

续表

	（1）就业环境	（2）就业能力	（3）就业状况	（4）劳动者报酬	（5）劳动保护	（6）劳动关系
省份×年份固定效应	是	是	是	是	是	是
R^2	0.0817	0.6491	0.5330	0.9688	0.8242	0.5698
观测值	330	330	330	330	330	330

二 调节效应分析

前文分析认为，数字化治理水平越高的省份，人工智能发展对就业质量的正向效应越强，即数字化治理为人工智能与就业质量带来显著正向的调节效应。本章利用2007年、2012年、2017年各省份投入产出表，计算各省份数字化治理水平。考虑通信设备、计算机和其他电子设备业，信息传输、软件和信息技术服务业是数字经济的核心产业，数字化治理水平的提升意味着公共管理部门对通信设备和信息传输服务的投入增加，本章通过计算公共管理、社会保障和社会组织对两类行业的直接消耗系数和完全消耗系数并求和，量化中国各省份数字化治理水平，实证分析数字化治理在人工智能发展影响就业质量过程中的调节效应。具体实证模型如下：

$$emq_{it} = \alpha_0 + \alpha_1 AI_{it} + \alpha_2 digi_{it} + \alpha_3 AI_{it} \times digi_{it} + \sum_{k=1}^{n} \lambda_k X_{it} + \mu_i + \gamma_t + \mu_i \times \gamma_t + \varepsilon_{it}$$

其中，$digi_{it}$ 为第 t 年第 i 个省份以直接消耗系数与完全消耗系数衡量的数字化治理水平。本章重点关注人工智能发展与数字化治理水平交乘项 $AI_{it} \times digi_{it}$ 的回归系数 α_3。若 α_3 显著为正，表明数字化治理为人工智能发展影响就业质量提供了显著正向的调节效应，即数字化治理水平越高的省份，人工智能发展对就业质量的正向效应越强。

表7-6报告了数字化治理调节效应的回归结果。其中第（1）—第（3）列引入公共管理、社会保障和社会组织对通信设备、计算机和其他电子设备业以及信息传输、软件和信息技术服务业的直接消耗系数之和衡量数字化治理水平。结果显示，人工智能发展与数字化治理水平交乘项$AI_{it} \times digi_{it}$的回归系数显著为正，表明数字化治理为人工智能发展提升就业质量带来正向的调节效应，即数字化治理水平越高的省份，人工智能发展对就业质量、劳动者报酬和劳动保护的正向效应越强。表7-6第（4）—第（6）列引入公共管理、社会保障和社会组织对通信设备、计算机和其他电子设备业以及信息传输、软件和信息技术服务业的完全消耗系数之和衡量数字化治理水平。结果显示，人工智能发展与数字化治理水平交乘项$AI_{it} \times digi_{it}$的回归系数仍显著为正，再次验证了数字化治理带来的正向调节效应。假说4C得以验证。

值得一提的是，在引入人工智能发展与数字化治理水平交乘项后，人工智能发展水平的回归系数不再显著，表明人工智能发展影响就业质量的正向效应主要依赖于当地的数字化治理水平。提升本地数字化治理水平、努力构建数字政府，是实现人工智能发展提升就业质量的重要条件。

表7-6　　　　　　　数字化治理的调节效应回归结果

	（1）就业质量	（2）劳动者报酬	（3）劳动保护	（4）就业质量	（5）劳动者报酬	（6）劳动保护
人工智能	-0.0002 (0.0003)	-0.0000 (0.0001)	0.0002 (0.0002)	-0.0004 (0.0002)	-0.0001 (0.0001)	0.0001 (0.0002)
数字化治理水平	-1.5824* (0.8885)	-0.0772 (0.3243)	-1.1127** (0.5191)	-1.1104* (0.5578)	-0.1538 (0.2300)	-0.4939 (0.3138)
人工智能×数字化治理水平	0.0113*** (0.0028)	0.0022* (0.0011)	0.0047*** (0.0016)	0.0064*** (0.0014)	0.0015*** (0.0005)	0.0023** (0.0009)

续表

	（1）就业质量	（2）劳动者报酬	（3）劳动保护	（4）就业质量	（5）劳动者报酬	（6）劳动保护
控制变量	已控制	已控制	已控制	已控制	已控制	已控制
省份固定效应	是	是	是	是	是	是
年份固定效应	是	是	是	是	是	是
省份×年份固定效应	是	是	是	是	是	是
R^2	0.9469	0.9704	0.8886	0.9522	0.9731	0.8825
观测值	65	65	65	65	65	65

第三节 人工智能影响就业质量的稳健性检验

为进一步检验人工智能发展影响就业质量的稳健性，本章从两个角度进行稳健性检验。一是替换解释变量。人工智能由申请到授权，再到切实影响就业质量存在时滞，本章利用人工智能专利授权数 $AIpub$ 替代人工智能专利申请数进行实证分析。此外，人工智能发展与就业质量之间可能存在反向因果关系。就业质量越高的省份，自身公共服务水平、政府治理水平越高，越有利于吸引高科技人才流入，从而促进本地高新技术发展，在人工智能发展方面表现为相关专利申请和授权数量的增加。为解决反向因果可能带来的内生性问题，本章进一步取人工智能专利申请数和专利授权数的多期滞后项作为解释变量。二是替换调节变量。本章分别用公共管理、社会保障和社会组织对通信设备、计算机和其他电子设备业与信息传输、软件和信息技术服务业的直接消耗系数和完全消耗系数衡量数字化治理水平。

一 替换解释变量的稳健性检验

替换解释变量的稳健性检验结果如表7-7所示。回归结果一致表明,在替换解释变量后,人工智能发展的回归系数显著为正,证明本章研究结论的稳健性。具体而言,第(1)—第(4)列以人工智能专利授权数及其滞后一期、二期、三期作为解释变量,回归系数均通过显著性水平为1%或5%的统计性检验。第(5)列和第(6)列以滞后二期和滞后三期的人工智能专利申请数为解释变量,回归系数均通过显著性水平为1%的统计性检验。此外,由表7-7回归结果可见,随着滞后期数的增加,人工智能发展水平的回归系数逐渐增大,表明长期内人工智能发展对就业质量的正向效应逐渐增强。

表7-7 替换解释变量的稳健性检验结果

	(1) 就业质量	(2) 就业质量	(3) 就业质量	(4) 就业质量	(5) 就业质量	(6) 就业质量
人工智能专利授权数	0.0002** (0.0001)					
人工智能专利授权数的滞后一期		0.0014*** (0.0003)				
人工智能专利授权数的滞后二期			0.0022*** (0.0004)			
人工智能专利授权数的滞后三期				0.0035*** (0.0006)		
人工智能专利申请数的滞后二期					0.0009*** (0.0002)	
人工智能专利申请数的滞后三期						0.0020*** (0.0004)
控制变量	已控制	已控制	已控制	已控制	已控制	已控制
省份固定效应	是	是	是	是	是	是

续表

	（1）就业质量	（2）就业质量	（3）就业质量	（4）就业质量	（5）就业质量	（6）就业质量
年份固定效应	是	是	是	是	是	是
省份×年份固定效应	是	是	是	是	是	是
R^2	0.9157	0.9133	0.9027	0.8841	0.8986	0.8817
观测值	360	330	300	270	300	270

二 替换调节变量的稳健性检验

表7-8报告了替换调节变量的稳健性检验结果。具体而言，第（1）列和第（2）列分别以公共管理、社会保障和社会组织对通信设备、计算机和其他电子设备业的直接消耗系数和完全消耗系数作为调节变量，结果显示人工智能发展与数字化治理水平交乘项的回归系数通过了显著性水平为1%的统计性检验。第（3）列和第（4）列分别以公共管理、社会保障和社会组织对信息传输、软件和信息技术服务业的直接消耗系数和完全消耗系数作为调节变量，结果显示人工智能发展与数字化治理水平交乘项的回归系数通过了显著性水平为1%的统计性检验。综合表7-8的回归结果可以看出，数字化治理为人工智能发展提升就业质量带来显著正向的调节效应，表明实证结果具有稳健性。

表7-8　　　　替换调节变量的稳健性检验结果

	（1）就业质量	（2）就业质量	（3）就业质量	（4）就业质量
人工智能	-0.0002 (0.0003)	-0.0006* (0.0003)	-0.0002 (0.0003)	-0.0002 (0.0003)
数字化治理水平	-3.1812 (2.7192)	-0.4348 (0.7526)	-1.3729 (0.9030)	-1.1768* (0.6453)

续表

	（1）就业质量	（2）就业质量	（3）就业质量	（4）就业质量
人工智能×数字化治理水平	0.1659*** (0.0429)	0.0215*** (0.0046)	0.0115*** (0.0030)	0.0081*** (0.0017)
控制变量	已控制	已控制	已控制	已控制
省份固定效应	是	是	是	是
年份固定效应	是	是	是	是
省份×年份固定效应	是	是	是	是
R^2	0.9453	0.9493	0.9450	0.9493
观测值	65	65	65	65

第四节 本章小结

为了系统分析人工智能对就业质量的影响，本章首先构建了中国省级就业质量指标评价体系，采用交叉熵无偏赋权测算2007—2018年中国30个省级行政区的就业质量。其次，实证分析人工智能发展对就业质量的影响，考察数字化治理在人工智能发展影响就业质量过程中的调节效应。有以下研究发现。

第一，中国各省份就业质量稳步上升，就业质量分布与城市群分布高度一致。位于京津冀城市群的北京、天津，包含长三角城市群的上海、浙江、江苏，包含珠三角城市群的广东，包含成渝城市群的四川、重庆，就业质量均处于全国领先位置。西部地区的新疆、宁夏就业质量相对较好。

第二，发展人工智能有利于提升就业质量。人工智能发展对就业环境、就业能力、就业状况、劳动关系无显著影响，对劳动者报酬、劳动保护有显著促进作用，从而整体上提高了就业质量。提升劳动者报酬、改善劳动保护状况是人工智能发展提升就业质量的重要机制。

第三，数字化治理为人工智能与就业质量带来显著正向的调节效应。人工智能发展影响就业质量的正向效应主要依赖于当地的数字化治理水平。数字化治理水平越高的地区,人工智能发展对就业质量的正向效应越大。

基于上述结论,本章提出如下政策建议。

第一,加强城市圈建设,缩小区域间就业质量差异。就业质量评价体系的测算结果显示就业质量分布与城市群分布高度一致。在数字经济飞速发展的背景下,加强城市圈的构建,不仅能够推动产业集聚,增强城市圈对劳动力的吸纳作用,更能推动经济发展方式转变,缩小区域间经济发展水平差异,进而达到缩小区域间就业质量差距的目的。同时,城市圈的建设、劳动力的流入也为地区教育投资提供了市场,这为促进人力资本发展、进一步缩小区域间就业质量差距奠定了基础。

第二,借助人工智能技术完善社会保障制度,改善劳动保护状况。本章研究发现,人工智能发展有利于改善劳动保护状况,从而提高就业质量。因此,可通过借助人工智能技术,将企业、医院、养老院等机构的劳动力资料数字化,打造公共服务数字化台账,推进政府运行方式、业务办理和服务模式的数字化、智能化,从而进一步完善社会保障制度,改善劳动保护状况。

第三,提升数字化治理水平,推进技术与就业高质量发展。地方政府应提升自身数字化治理程度,以有效利用计算机通信设备、信息技术服务以及对相应领域进行人才配套,详细统计当地劳动力就业状况,构建当地劳动力自身就业技能、就业需求信息台账,并对劳动力提供与其能力、需求、目标相匹配的工作岗位列表,为劳动力提供精准化公共服务,为人工智能发展提升就业质量打造数字化公共服务平台。

第八章

人工智能对劳动收入份额的影响机制与路径分析

近年来,以互联网、云计算、区块链、大数据、人工智能为代表的新一轮科技革命带动数字经济的飞速发展,已经深刻影响中国经济社会发展的各领域全过程。作为当代科技发展的引领者,人工智能广泛应用于语音识别、搜索引擎、工业机器人、计算机软件等各个领域,推进了生产的智能化发展,提升了劳动生产率,对不同行业的劳动力就业产生了替代效应与创造效应,因此,对劳动收入份额带来更为深刻的影响。

目前,学术界关于人工智能与劳动收入份额的已有研究主要集中在以下两个方面。

人工智能的发展能够提升劳动收入份额。第一,与不积极推广应用人工智能等信息化技术的企业相比,积极推广人工智能技术的企业,能够利用人工智能对高端服务业的就业创造效应,提高劳动收入份额。新兴信息技术的使用不仅能够提高企业的增加值,还能大幅提高劳动力平均工资,从而提高劳动报酬在初次分配中的比重。① 金陈飞等通过利用中国中小企业动态

---

① 申广军、刘超:《信息技术的分配效应——论"互联网+"对劳动收入份额的影响》,《经济理论与经济管理》2018年第1期。

数据库与浙江省"机器换人"分行业试点企业名单相匹配进行实证分析,研究发现,人工智能对企业劳动收入份额的提升作用在劳动密集型企业中更为显著。① 第二,人工智能发展在企业的推广应用对劳动生产率的影响滞后于工资,从而导致劳动收入份额提升。人工智能从应用到提高劳动生产率,往往需要一定的周期,随着劳动生产率的不断提升以及人工智能的就业创造效应促使新就业岗位不断涌现,劳动收入份额会稳步提升或逐渐趋于稳定。②

人工智能的发展会降低劳动收入份额。第一,人工智能对劳动力就业的替代效应,导致就业量减少,劳动收入份额下降。人工智能的相关机器设备将取代以前由人工完成的工作,实现生产自动化,同时提高劳动生产率。这将降低劳动力的平均工资水平与就业率,导致劳动密集度下降,致使工人的工资与其单位产出不相关,因此,劳动收入在国民收入中所占的份额也将下降。在短期内,人工智能可以通过技能收入差距扩大化与就业技能结构升级两个渠道降低劳动收入份额,这种抑制作用对西部地区、非技术密集地区以及高劳动收入份额行业更显著。③ 第二,人工智能对劳动生产率的提升作用超过对工资的拉动作用,导致劳动收入份额下降。④ 人工智能的应用可以在一定程度上提升劳动生产率,有利于提高资本收入,进而推动实现新一轮资本积累,因此,人工智能能提高资本收

---

① 金陈飞等:《人工智能提升企业劳动收入份额了吗?》,《科学学研究》2020年第1期。
② Erik Brynjolfsson, Daniel Rock, Chad Syverson, "Artificial Intelligence and the Modern Productivity Paradox: A Clash of Expectations and Statistics", NBER Working Paper, No. 24, 2017, https://www.nber.org/system/files/working_papers/w24001/w24001.pdf.
③ 钞小静、周文慧:《人工智能对劳动收入份额的影响研究——基于技能偏向性视角的理论阐释与实证检验》,《经济与管理研究》2021年第2期。
④ 惠炜、姜伟:《人工智能、劳动力就业与收入分配:回顾与展望》,《北京工业大学学报》(社会科学版)2020年第5期。

入份额，从而降低劳动收入份额。① 余玲铮等基于广东省企业调查数据进行实证分析，研究发现，机器人的使用会在提高劳动生产率的同时提升工资水平，同时推动工资率与劳动生产率的增长，但是前者增长幅度大于后者，导致劳动收入份额下降。② 程虹等利用中国企业综合调查数据进行实证分析，研究发现，使用机器人能显著降低企业的劳动收入份额，造成这一结论的原因是劳动生产率与劳动报酬的非同步增长。③ 由于资本通常掌握在少数人手中，人工智能为资本带来的效益只有少数人获益，多数劳动力仍依靠付出劳动获取收入，因此，人工智能对劳动和资本两种生产要素带来的异质性，将阻碍要素间收入的公平分配。④

综上所述，学术界已经对人工智能与劳动收入份额进行了较为细致的研究，除人工智能通过就业影响劳动收入份额这一影响路径以外，已有研究的争议主要集中在人工智能如何通过影响劳动生产率对劳动收入份额产生影响。基于此，本章着重探讨人工智能是否会存在索洛悖论，人工智能将会对劳动收入份额产生何种影响。以人工智能为代表的新一轮科技革命正逐渐由导入期开始转入拓展期，⑤ 发展势头非常迅猛，而中国劳动生产率增长率却趋于平缓（见图8-1），这与20世纪80年代的索洛悖论类似。

罗伯特·戈登认为，第三次科技革命带来的劳动生产率增长主要集中在1994—2004年，而此次科技革命爆发于20世纪40—50年

---

① Erik Brynjolfsson, Andrew McAfee, *The Second Machine Age: Work, Progress, and Prosperity in a Time of Brilliant Technologies*, New York: W. W. Norton & Company, 2014.
② 余玲铮、魏下海、吴春秀：《机器人对劳动收入份额的影响研究——来自企业调查的微观证据》，《中国人口科学》2019年第4期。
③ 程虹、王华星、石大千：《使用机器人会导致企业劳动收入份额下降吗?》，《中国科技论坛》2021年第2期。
④ 江永红、张本秀：《人工智能影响收入分配的机制与对策研究》，《人文杂志》2021年第7期。
⑤ 谢伏瞻：《论新工业革命加速拓展与全球治理变革方向》，《经济研究》2019年第7期。

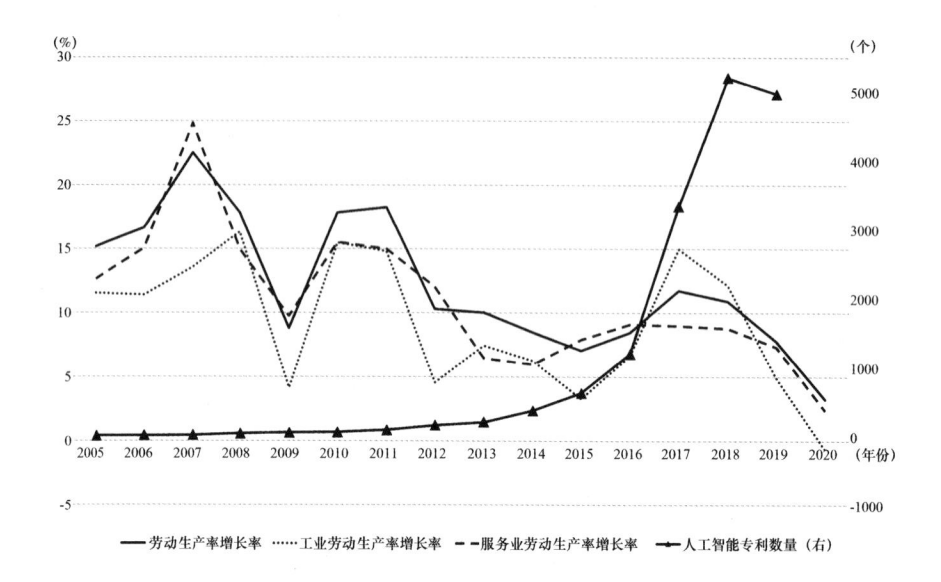

图 8-1 中国劳动生产率增长率变动趋势

代，滞后时期长达 50—60 年。随着以 ChatGPT 为代表的人工智能的崛起，如何克服索洛悖论，保就业、提效率，同时提升劳动收入份额，是一个亟待解决的现实问题。①

中国幅员辽阔，各地区资源禀赋与区位优势各不相同，经济发展不平衡不充分问题突出，收入分配差距较大，长期来看，人工智能将对中国收入分配格局产生深远影响。那么，人工智能会对劳动收入份额产生何种影响？其内在机制是什么？成为亟待解决的问题。基于固定效应模型，本章利用 2005—2018 年中国 287 个直辖市、地级市面板数据，研究人工智能对劳动收入份额的行业异质性，结合索洛悖论，定量分析人工智能如何通过工资、劳动生产率对劳动收入份额产生影响。

---

① ［美］罗伯特·戈登：《美国增长的起落》，张林山等译，中信出版社 2018 年版，第 552—553 页。

第一节 人工智能影响劳动收入份额的模型设定与实证分析

一 模型设定

根据第三章的相关理论分析,作为新兴经济要素,人工智能在推动技术进步与提升创新能力等方面具有举足轻重的作用,故将人工智能作为生产要素纳入创新生产函数。本章构建实证模型研究人工智能对劳动收入份额的影响,如式(8-1)所示。为避免区域经济发展不平衡或资源分配不均等因素所引起的异方差问题,实证分析中将所有变量取自然对数再进行计量分析:

$$Laborshare_{it} = \alpha_0 + \alpha_1 aip_{it} + \beta X + \theta_i + \mu_t + \varepsilon_{it} \quad (8-1)$$

其中,$Laborshare_{it}$表示城市i在第t年的劳动收入份额;aip_{it}表示城市i在第t年的人工智能发展程度;X表示控制变量,本章选取各市的人均GDP、就业人数、金融规模、科学技术财政支出、教育财政支出、外商直接投资作为控制变量;α_1和β分别是人工智能发展程度与控制变量的参数估计值;θ_i、μ_t分别表示市级固定效应、时间固定效应;ε_{it}代表随机误差项。

二 指标选取与变量定义

(一)解释变量

本章的解释变量为人工智能发展水平。由于早期人工智能的发展目标是试图开发能够执行智力活动的机器智能,以创造真正的智能机器,但事与愿违,研究人员致力于人工通用智能的研究,但大多数研究和商业用途都被称为狭义的人工智能。人工智能的重大突破来自能够处理与分析大量非结构化数据的硬件和算法的进步,其核心就是机器学习与深度学习的发展。

已有相关研究关于人工智能的数据主要来源如下：一是中国企业综合调查中关于机器人存量数据或国际机器人联盟（International Federation of Robotics，IFR）；二是中国专利数据库中"人工智能"相关词条的检索。利用机器人数据代表人工智能的发展程度，不仅不能体现人工智能的发展情况，更不能体现人工智能关于语音信息识别、图形处理、算法模拟、数据挖掘与数据处理等技术内核；复兴人工智能的核心是机器学习与深度学习，故利用"人工智能"作为关键词检索专利较为片面。因此，用这两类数据代表人工智能发展程度均不合适。

根据中国信息通信研究院、中国人工智能产业发展联盟联合发布的《人工智能核心技术产业白皮书——深度学习技术驱动下的人工智能时代》，人工智能技术发展的主导是深度学习，深度学习与机器学习的相关研究成为学术界研究的热点方向。[①] 根据国家统计局公布的《战略性新兴产业分类（2018）》，人工智能产业包括人工智能软件开发、智能消费相关设备制造与人工智能系统服务，相对应的国民经济行业包括基础软件开发、应用软件开发、智能无人飞行器制造、可穿戴智能设备制造、其他智能消费设备制造、其他电子设备制造与信息系统集成服务。深度学习是包括用于改进机器学习、统计推断与优化的神经网络的使用多层程序的算法，而机器学习则是一种能使计算机和算法无须通过编程就能从大量数据中学习、预测与执行任务的统计技术。因此，本章将人工智能视为一种以深度学习为核心、以机器学习为技术手段的中性技术进步，主要用于模拟人的智能行为与思维过程的战略性新兴技术。

本章的人工智能数据为利用中国专利数据库，检索、整理得到

---

① 《人工智能核心技术产业白皮书——深度学习技术驱动下的人工智能时代》，中国信息通信研究院、中国人工智能产业发展联盟，http://www.caict.ac.cn/kxyj/qwfb/bps/202104/P020210420614092578238.pdf。

的人工智能 2005—2018 年中国直辖市、地级市面板数据。

（二）被解释变量与其他控制变量

本章的被解释变量为劳动收入份额、制造业劳动收入份额与服务业劳动收入份额，分别用劳动报酬占 GDP 的比重、第二产业工资总额占第二产业增加值的比重、第三产业工资总额占第三产业增加值的比重衡量。[①]

主要控制变量包括以下几项。（1）人均 GDP。用各市人均地区生产总值的自然对数衡量人均 GDP。（2）就业人数。分别用从业人员年末人数占全市总人口比重、第二产业占全市总人口比重、第三产业占全市总人口比重衡量就业人数、第二产业就业人数、第三产业就业人数。（3）金融规模。用金融机构存款余额占地区生产总值的比重衡量金融规模。（4）科学技术财政支出。用各市一般公共预算支出中的科学技术支出占地区生产总值的比重衡量科学领域的财政支出。（5）教育财政支出。用各市一般公共预算支出中教育支出占地区生产总值的比重衡量教育领域的财政支出。（6）外商直接投资。用各市的外商直接投资金额与地区生产总值的比值衡量外商直接投资。遵循数据的独立性、可获得性与口径一致性等原则，本章所需的数据均来自国家知识产权局专利检索统计数据、国家统计局网站、中国统计年鉴、中国科技统计年鉴和各省份的统计年鉴，选取 2005—2018 年中国 287 个直辖市、地级市的面板数据作为研究样本，剔除部分缺失数据的城市、不易获取数据的中国香港、中国澳门、中国台湾地区的城市。样本描述性统计结果如表 8-1 所示。

---

① 注：根据国家统计局指标解释，第一产业是指农、林、牧、渔业（不含农、林、牧、渔服务业）；第二产业是指采矿业（不含开采辅助活动），制造业（不含金属制品、机械和设备修理业），电力、热力、燃气及水生产和供应业，建筑业；第三产业即服务业，是指除第一产业、第二产业以外的其他行业。

表 8-1　　人工智能对劳动收入份额影响变量的描述性统计

	样本量	平均值	标准差	最小值	最大值
人工智能	593	1.725	1.608	0	7.768
地区生产总值	3951	16.05	1.037	12.76	19.60
劳动收入份额	3940	-2.152	0.540	-3.822	1.985
第二产业劳动收入份额	3924	-6.789	0.696	-9.870	-2.529
第三产业劳动收入份额	3923	-6.374	0.533	-9.338	-2.434
人均 GDP	3943	10.34	0.786	4.595	15.68
就业人数	3952	3.432	0.822	0.307	6.649
第二产业就业人数	3959	2.644	1.024	-0.844	6.062
第三产业就业人数	3958	2.839	0.794	-0.0834	6.524
金融规模	3960	15.87	1.223	12.53	20.37
科学技术财政支出	3960	9.538	1.731	-2.040	15.53
教育财政支出	3960	12.55	1.026	-0.994	17.09
外商直接投资	3760	9.781	1.901	1.099	15.30

三　实证结果及分析

其一，本章实证分析人工智能对劳动生产率增长率与平均工资增长率的影响效应，为消除异方差的影响，采用稳健标准误、利用固定效应模型、同时控制时间与地区固定效应进行实证分析，实证结果如表 8-2 所示。研究发现，人工智能发展对劳动生产率无显著影响，在 10% 的显著性水平上降低了制造业与服务业劳动生产率的增长率。人工智能发展对制造业平均工资无显著影响，在 1% 的显著性水平上提升了总体与服务业平均工资。劳动生产率与平均工资呈反向变动趋势，反向变动应导致劳动收入份额下降。

表8-2 基准模型：人工智能影响劳动生产率与工资的分析

	劳动生产率			工资		
	劳动生产率	制造业劳动生产率	服务业劳动生产率	平均工资	制造业平均工资	服务业平均工资
	(1)	(2)	(3)	(4)	(5)	(6)
人工智能	-0.0202 (0.0174)	-0.0331* (0.0190)	-0.0266* (0.0152)	0.0334*** (0.0067)	0.0143 (0.0089)	0.0677*** (0.0093)
人均GDP	-0.4528*** (0.0894)	-0.6040*** (0.0977)	-0.3425*** (0.0781)	0.1758*** (0.0346)	0.2583*** (0.0457)	0.2818*** (0.0477)
就业人数	-0.6281*** (0.0823)	-0.9110*** (0.0899)	-0.1834** (0.0719)	0.8942*** (0.0318)	1.2080*** (0.0420)	0.3505*** (0.0439)
金融规模	0.2498*** (0.0578)	0.2443*** (0.0631)	0.1922*** (0.0504)	0.1177*** (0.0223)	0.1211*** (0.0295)	0.1625*** (0.0308)
科学技术财政支出	0.1609*** (0.0499)	0.1651*** (0.0546)	0.1396*** (0.0436)	0.0803*** (0.0193)	0.0722*** (0.0255)	0.0899*** (0.0267)
教育财政支出	0.2365*** (0.0788)	0.3058*** (0.0860)	0.1882*** (0.0688)	0.1826*** (0.0305)	0.1126*** (0.0402)	0.2362*** (0.0421)
外商直接投资	-0.0486* (0.0294)	0.0032 (0.0321)	0.0076 (0.0256)	0.0502*** (0.0114)	-0.0024 (0.0150)	-0.0046 (0.0157)
常数项	11.6947*** (0.8936)	17.5590*** (0.9696)	14.3561*** (0.7753)	3.3818*** (0.3456)	2.0859*** (0.4564)	2.8547*** (0.4771)
城市固定效应	是	是	是	是	是	是
时间固定效应	是	是	是	是	是	是
R^2	0.2829	0.3353	0.2408	0.9372	0.9056	0.8924

注：(1) 括号内的数值为标准误；(2) ***、**、*分别代表通过1%、5%、10%显著性水平的检验。

其二，实证分析人工智能对劳动收入份额、制造业的劳动收入份额与服务业的劳动收入份额的影响效应，回归结果如表8-3所示。其中，第（1）—第（2）列是人工智能发展影响劳动收入份额的回归结果，第（3）—第（4）列是人工智能影响制造业劳动收入份额的回归结果；第（5）—第（6）列是人工智能发展影响服务业劳动收入份额的回归结果。从回归分析结果可以看出，人工智能的发展均能在 1% 或 5% 的显著性水平上提升劳动收入份额。但根据表 8-2 的实证结果发现，工资与劳动生产率的反向变动应导致劳动收入份额下降，与表 8-3 的实证结果相悖，这表明在人工智能发展过程中仍旧存在索洛悖论。

每多申请 1% 的人工智能相关专利，总体劳动收入份额增加 0.060%，制造业劳动收入份额增加 0.032%，服务业劳动收入份额提高近 0.087%。综合表 8-2 和表 8-3 的实证结果发现，发展人工智能可以通过提升平均工资提高劳动收入份额，假说 5A 得到验证。

表 8-3 基准模型：人工智能影响劳动收入份额的分析

	总劳动收入份额		制造业劳动收入份额		服务业劳动收入份额	
	(1)	(2)	(3)	(4)	(5)	(6)
人工智能	0.1185***	0.0602***	0.0909***	0.0321**	0.1436***	0.0867***
	(0.0109)	(0.0150)	(0.0098)	(0.0129)	(0.0129)	(0.0164)
人均GDP		0.6035***		0.7172***		0.4500***
		(0.0822)		(0.0888)		(0.0696)
就业人数		0.4570***		0.5896***		0.7131***
		(0.0829)		(0.0586)		(0.0696)
金融规模		-0.0827		-0.0703		-0.0837*
		(0.0518)		(0.0559)		(0.0442)
科学技术财政支出		-0.0643		-0.0514		-0.0765**
		(0.0414)		(0.0447)		(0.0349)
教育财政支出		-0.0893		-0.1471*		-0.0985
		(0.0777)		(0.0836)		(0.0660)
外商直接投资		0.0090		-0.0381		-0.0179
		(0.0270)		(0.0292)		(0.0229)
常数项	-1.9651***	-7.2986***	-6.4298***	-8.2377***	-6.4381***	-10.1410***
	(0.0231)	(0.0290)	(0.0293)	(0.844)	(0.0209)	(0.6947)
城市固定效应	是	是	是	是	是	是
时间固定效应	是	是	是	是	是	是
R^2	0.2258	0.3865	0.2363	0.4951	0.1757	0.4261

注：(1) 括号内的数值为标准误；(2) ***、**、* 分别代表通过 1%、5%、10% 显著性水平的检验。

第二节 人工智能影响劳动收入份额的进一步分析

一 机制分析

根据基准回归研究发现，人工智能能够显著提升劳动收入份额，且结果具有稳健性。理论上来说，劳动收入份额可被拆分为平均工资与劳动生产率之比，故可将平均工资与劳动生产率作为人工智能影响劳动收入份额的作用机制纳入分析框架，实证结果如表8-4所示。

研究发现，第（7）—第（9）列结果显示，无论是总体劳动收入份额，还是制造业劳动收入份额与服务业劳动收入份额，人工智能与平均工资在1%的显著性水平下提升劳动收入份额，劳动生产率在1%的显著性水平下降低劳动收入份额。因此，人工智能仅通过提高工资水平提升劳动收入份额。假说5B得到验证。

根据程文的研究结论，作为新一轮科技革命的代表，人工智能依旧存在索洛悖论。[①] 通常来看，中国专利研发周期基本上在两年以内，其中，外观设计专利的研发周期为"半年到一年"，实用新型专利的研发周期为"不超过半年"，均显著高于发明专利；[②] 专利从申请到批准，申请周期平均为18.5个月，发明专利申请周期为2—3年，加急也需要1年左右，从专利授权到成果转化，再到实际推广应用所需要的时间周期更长。因此，如果专利无法在短

[①] 程文：《人工智能、索洛悖论与高质量发展：通用目的技术扩散的视角》，《经济研究》2021年第10期。

[②] 《2020年中国专利调查报告》，2021年4月，国家知识产权局战略规划司、国家知识产权局知识产权发展研究中心，https://www.cnipa.gov.cn/module/download/down.jsp?i_ID=158969&colID=88。

表 8-4　机制分析：人工智能影响劳动收入份额的分析

	劳动收入份额 (1)	制造业劳动收入份额 (2)	服务业劳动收入份额 (3)	劳动收入份额 (4)	制造业劳动收入份额 (5)	服务业劳动收入份额 (6)	劳动收入份额 (7)	制造业劳动收入份额 (8)	服务业劳动收入份额 (9)
人工智能	0.0388*** (0.0050)	0.0385*** (0.0050)	0.0394*** (0.0050)	0.0261 (0.0174)	0.0577*** (0.0180)	0.0213 (0.0156)	0.0206*** (0.0034)	0.0360*** (0.0045)	0.0152*** (0.0039)
劳动生产率	-0.9905*** (0.0164)	-1.0035*** (0.0150)	-0.9700*** (0.0187)				-0.9539*** (0.0109)	-0.9623*** (0.0142)	-0.9291*** (0.0138)
平均工资				0.9787*** (0.1429)	0.9444*** (0.1158)	1.1301*** (0.2394)	0.5662*** (0.0282)	0.2693*** (0.0304)	0.3738*** (0.0226)
人均 GDP	0.2369*** (0.0266)	0.2304*** (0.0271)	0.2428*** (0.0262)	0.5133*** (0.0894)	0.5930*** (0.0966)	0.3928*** (0.0781)	0.1539*** (0.0179)	0.1858*** (0.0247)	0.1515*** (0.0198)
就业人数	-0.1199*** (0.0257)	-0.1291*** (0.0272)	-0.1204*** (0.0237)	-0.3730*** (0.1502)	-0.3560** (0.1635)	-0.1693** (0.0749)	-0.6032*** (0.0293)	-0.4169*** (0.0405)	-0.2439*** (0.0187)
金融规模	0.1224*** (0.0170)	0.1257*** (0.0169)	0.1191*** (0.0168)	-0.2402*** (0.0580)	-0.2326*** (0.0610)	-0.1723*** (0.0499)	0.0466*** (0.0117)	0.0830*** (0.0158)	0.0505*** (0.0129)
科学技术财政支出	0.0690*** (0.0145)	0.0711*** (0.0145)	0.0664*** (0.0144)	-0.1690*** (0.0493)	-0.1625*** (0.0520)	-0.1272*** (0.0421)	0.0177* (0.0098)	0.0449*** (0.0132)	0.0270** (0.0107)

续表

	劳动收入份额 (1)	制造业劳动收入份额 (2)	服务业劳动收入份额 (3)	劳动收入份额 (4)	制造业劳动收入份额 (5)	服务业劳动收入份额 (6)	劳动收入份额 (7)	制造业劳动收入份额 (8)	服务业劳动收入份额 (9)
教育财政支出	0.1724*** (0.0228)	0.1757*** (0.0230)	0.1690*** (0.0227)	-0.2406*** (0.0800)	-0.2357*** (0.0820)	-0.1660** (0.0685)	0.0604*** (0.0159)	0.1329*** (0.0210)	0.0731*** (0.0174)
外商直接投资	-0.0066 (0.0084)	-0.0070 (0.0084)	-0.0073 (0.0084)	-0.0076 (0.0291)	-0.0072 (0.0302)	-0.0116 (0.0243)	-0.0332*** (0.0057)	-0.0065 (0.0075)	-0.0059 (0.0061)
常数项	3.4731*** (0.3194)	3.6461*** (0.3679)	3.1519*** (0.3700)	-11.4205*** (0.9849)	-16.0065*** (0.9500)	-12.6324*** (0.7816)	1.1301*** (0.2394)	2.3585*** (0.3587)	1.4967*** (0.2859)
城市固定效应	是	是	是	是	是	是	是	是	是
时间固定效应	是	是	是	是	是	是	是	是	是
R^2	0.9558	0.9692	0.9379	0.4973	0.5966	0.4724	0.9811	0.9746	0.9674

注：(1) 括号内的数值为标准误；(2) ***、**、* 分别代表通过1%、5%、10%显著性水平的检验。

期内推广应用,则无法实现人工智能创新发展的实际价值,即人工智能的发明创新对当前劳动生产率无显著影响,甚至影响为负。然而,如果人工智能存在索洛悖论,那么长期来看,其对劳动生产率的影响可能会由负转正。

基于上述分析,本章考察人工智能的滞后期对劳动生产率的影响,实证结果如表 8-5 第(1)—第(15)列所示,人工智能的滞后一期对劳动生产率无显著影响,直至人工智能的滞后五期,人工智能的发展分别在 5%、1% 和 10% 的显著性水平下通过检验,即人工智能能显著提升总体劳动生产率、制造业生产率与服务业生产率。

表 8-5　长期内人工智能影响劳动生产率与劳动收入份额的分析

	滞后一期			滞后二期		
	劳动生产率	制造业劳动生产率	服务业劳动生产率	劳动生产率	制造业劳动生产率	服务业劳动生产率
	(1)	(2)	(3)	(4)	(5)	(6)
人工智能	-0.0014	0.0076	-0.0232	0.0067	0.0305	-0.0073
	(0.0267)	(0.0348)	(0.0344)	(0.0330)	(0.0430)	(0.0378)
控制变量	是	是	是	是	是	是
城市固定效应	是	是	是	是	是	是
时间固定效应	是	是	是	是	是	是
R^2	0.3137	0.2639	0.2631	0.4155	0.3331	0.3780
	滞后三期			滞后四期		
	劳动生产率	制造业劳动生产率	服务业劳动生产率	劳动生产率	制造业劳动生产率	服务业劳动生产率
	(7)	(8)	(9)	(10)	(11)	(12)
人工智能	0.0230	0.0658**	0.0339	0.0150	0.0555**	0.0069
	(0.0260)	(0.0294)	(0.0286)	(0.0246)	(0.0276)	(0.0249)
控制变量	是	是	是	是	是	是
城市固定效应	是	是	是	是	是	是
时间固定效应	是	是	是	是	是	是
R^2	0.2533	0.1968	0.2473	0.3425	0.3630	0.2527

续表

	滞后五期					
	劳动生产率	制造业劳动生产率	服务业劳动生产率	劳动收入份额	制造业劳动收入份额	服务业劳动收入份额
	(13)	(14)	(15)	(16)	(17)	(18)
人工智能	0.0458**	0.0607***	0.0364*	-0.0032	-0.0269	0.0109
	(0.0198)	(0.0211)	(0.0196)	(0.0320)	(0.0425)	(0.0369)
控制变量	是	是	是	是	是	是
城市固定效应	是	是	是	是	是	是
时间固定效应	是	是	是	是	是	是
R^2	0.4378	0.4879	0.3220	0.5329	0.4453	0.4013

注：(1) 括号内的数值为标准误；(2) ***、**、* 分别代表通过1%、5%、10%显著性水平的检验。

进一步研究，在人工智能滞后五期，以劳动收入份额为被解释变量的回归结果如表8-5第（16）—第（18）列所示。研究发现，在长期内，人工智能的发展显著提高了劳动生产率，但其本质是提高了资本收入份额，对劳动收入份额的影响不再显著。假说5C得到验证。因此，在推动新技术发展、提高劳动生产率的过程中，要坚持劳动报酬与劳动生产率提升基本同步，优化收入分配结构，积极扎实地推进共同富裕。

二 稳健性检验

由于专利申请到专利授权，再到专利应用投产，广泛使用至影响工业部门和服务业部门就业存在较长时滞，故本章利用人工智能专利公开数据替代专利申请数据进行稳健性检验，实证结果如表8-6第（1）—第（3）列所示。与前文实证结果一致，人工智能显著提升总体劳动收入份额、制造业劳动收入份额与服务业劳动收入份额，研究结论具有稳健性。

考虑到直辖市与其他地级市相比，在高校、科研机构与企业数量等方面存在集聚效应，同时作为与省、自治区同级别的行政区划单位，直辖市专利申请方面具有显著的优势，人工智能申请与公开数量明显高于其他地级市，因此，本节剔除直辖市相关数据进行稳健性检验，实证结果如表8-6第（4）—第（6）列所示，与前文结果一致，人工智能显著提高劳动收入份额，实证结果具有稳健性。

表8-6　人工智能影响劳动收入份额的稳健性分析

	变量替换			剔除直辖市		
	劳动收入份额	制造业劳动收入份额	服务业劳动收入份额	劳动收入份额	制造业劳动收入份额	服务业劳动收入份额
	（1）	（2）	（3）	（4）	（5）	（6）
人工智能	0.0488***	0.0751***	0.0373***	0.0588***	0.0865***	0.0516***
	（0.0159）	（0.0171）	（0.0136）	（0.0180）	（0.0189）	（0.0151）
人均GDP	0.6418***	0.7608***	0.5078***	0.6853***	0.8204***	0.5479***
	（0.0845）	（0.0898）	（0.0714）	（0.0921）	（0.0967）	（0.0767）
就业人数	0.5143***	0.6558***	0.6200***	0.5022***	0.6197***	0.5047***
	（0.0787）	（0.0552）	（0.0775）	（0.0848）	（0.0597）	（0.0937）
金融规模	-0.1117**	-0.1078*	-0.1051**	-0.1250**	-0.1202*	-0.1050**
	（0.0551）	（0.0582）	（0.0465）	（0.0596）	（0.0623）	（0.0496）
科学技术财政支出	-0.0717	-0.0721	-0.0793**	-0.0904*	-0.0972*	-0.0872**
	（0.0453）	（0.0480）	（0.0381）	（0.0515）	（0.0540）	（0.0428）
教育财政支出	-0.0546	-0.0859	-0.0690	-0.0618	-0.0955	-0.0646
	（0.0762）	（0.0805）	（0.0645）	（0.0812）	（0.0848）	（0.0678）
外商直接投资	0.0397	-0.0128	-0.0150	0.0416	-0.0121	-0.0147
	（0.0283）	（0.0300）	（0.0238）	（0.0303）	（0.0318）	（0.0251）
常数项	-8.2374***	-13.2535***	-10.5285***	-8.1106***	-13.1255***	-10.4947***
	（0.8447）	（0.8993）	（0.7134）	（0.9211）	（0.9677）	（0.7657）

续表

	变量替换			剔除直辖市		
	劳动收入份额	制造业劳动收入份额	服务业劳动收入份额	劳动收入份额	制造业劳动收入份额	服务业劳动收入份额
	(1)	(2)	(3)	(4)	(5)	(6)
城市固定效应	是	是	是	是	是	是
时间固定效应	是	是	是	是	是	是
R^2	0.4337	0.5567	0.4471	0.4189	0.5517	0.4333

注：(1) 括号内的数值为标准误；(2) ***、**、* 分别代表通过1%、5%、10%显著性水平的检验。

三 内生性检验

本章利用人工智能专利申请与授权数据对人工智能影响劳动收入份额进行实证分析，可能存在如下内生性问题。(1) 人工智能发展水平与劳动收入份额之间存在互为因果的关系，即劳动收入份额会影响人工智能发展水平。人工智能专利主要来自学术研究、信息技术、软件开发等部门，造成这类部门较高的劳动收入份额有以下两方面的原因：第一，是由较高的工资收入导致的，收入越高越能激励科研人员进行更多科学研究，申请更多的人工智能相关专利；第二，是由更多的就业岗位导致的，科研人员越多，则申请的人工智能专利也就越多。(2) 遗漏变量问题。如果误差项中存在影响人工智能专利的因素，那么人工智能专利申请数的估计系数仍有偏。为了解决内生性问题，结合工具变量要求、数据特征与所研究的问题，本章选取人工智能专利授权数与劳均申请数作为工具变量。根据前文的分析，这两个工具变量均通过过度识别、弱工具变量检验，且均与人工智能发展程度高度相关，与误差项无关。实证结果如表8-7所示，人工智能能够显著提升劳动收入份额，实证结果依旧稳健。

表8-7　　工具变量：人工智能影响劳动收入份额的分析

	劳动收入份额		制造业劳动收入份额		服务业劳动收入份额	
	(1)	(2)	(3)	(4)	(5)	(6)
人工智能专利授权率	0.0602***		0.0629***		0.0446***	
	(0.0150)		(0.0171)		(0.0144)	
劳均申请率		0.0488***		0.0517***		0.0524***
		(0.0159)		(0.0182)		(0.0146)
人均GDP	0.6035***	0.6418***	0.7253***	0.7911***	0.4841***	0.5403***
	(0.0822)	(0.0845)	(0.0931)	(0.0864)	(0.0782)	(0.0775)
就业人数	0.4570***	0.5143***	0.7093***	0.7881***	0.07885	0.0909
	(0.0829)	(0.0787)	(0.0940)	(0.0897)	(0.0790)	(0.0721)
金融规模	-0.0827	-0.1117**	-0.0630	-0.1103*	-0.0098	-0.0519
	(0.0518)	(0.0551)	(0.0587)	(0.0628)	(0.0493)	(0.0505)
科学技术财政支出	-0.0643	-0.0717	-0.0436	-0.0740	-0.0695*	-0.0722*
	(0.0414)	(0.0453)	(0.0469)	(0.0516)	(0.0394)	(0.0415)
教育财政支出	-0.0893	-0.0546	-0.1808**	-0.1187	-0.0142	-0.0025
	(0.0777)	(0.0762)	(0.0882)	(0.0871)	(0.0741)	(0.0669)
外商直接投资	0.0090	0.0397	-0.0324	-0.0136	-0.0166	-0.0143
	(0.0270)	(0.0283)	(0.0306)	(0.0323)	(0.0257)	(0.0259)
常数项	-7.2986***	-8.2374***	-13.0549***	-14.0522***	-10.7559***	-10.8838***
	(0.8182)	(0.8447)	(0.9290)	(0.9639)	(07808)	(0.7745)
城市固定效应	是	是	是	是	是	是
时间固定效应	是	是	是	是	是	是
R^2	0.3865	0.4337	0.4450	0.4886	0.2732	0.3460

注：(1) 括号内的数值为标准误；(2) ***、**、* 分别代表通过1%、5%、10%显著性水平的检验。

第三节　本章小结

为了系统分析人工智能对劳动收入份额的影响，本章通过匹配人工智能专利数据与行业就业数据，形成2005—2018年直辖市、地级市的面板数据，实证分析人工智能如何通过工资与劳动生产率影响劳动收入份额,并探讨在长短期情况下人工智能对劳动生产率与劳动收入份额影响的异质性。有如下研究发现。(1) 整体而言,人工智能发展通过提高工资水平来提升劳动收入份额。(2) 在短期内,由于存在索洛悖论,人工智能发展对劳动生产率无显著影响;提高工资水平是人工智能发展提升劳动收入份额的重要机制。(3) 随着人工智能发展的推广应用,劳动生产率逐渐提升,通过提高工资水平提高劳动收入份额的作用效果被逐渐提升的劳动生产率所抵消,导致长期内人工智能发展对劳动收入份额无显著影响。

第九章

研究结论、政策建议及有待进一步研究的问题

第一节 人工智能影响就业与收入分配的研究结论

在国家大力推进人工智能与实体经济深度融合的背景下，本书以人工智能发展为出发点，以提高劳动报酬在初次分配中的比重为落脚点，系统探讨了人工智能驱动劳动力就业、劳动收入份额提升的内在机理、影响效应以及路径选择。首先，结合中国人工智能发展的基本特征，系统梳理人工智能与就业、劳动收入份额的相关文献，构建人工智能发展提升劳动力就业、促进劳动收入份额提升的理论框架。其次，多维度设计人工智能产业链供应链韧性与就业质量发展水平指标体系，采用交叉熵无偏赋权法测度人工智能产业链供应链韧性与就业质量发展水平。再次，采用固定效应模型、空间回归模型、中介效应模型、调节效应模型等多种计量方法论证人工智能影响就业与劳动收入份额的线性效应、空间效应、中介效应、调节效应与异质性。最后，针对实践中存在的人工智能与劳动力就业、收入分配共同发展的短板提出有针对性的政策建议。通过系统研究，主要得出以下结论。

第一,中国人工智能发展呈现明显的上升趋势。尽管中国已经初步形成人工智能完整产业链,但目前中国人工智能领域尚处于发展的初级阶段,已经初步形成中心—外围格局,区域差距较大。与欧美发达国家相比,中国人工智能产业链供应链韧性处于中上游,但技术水平相对落后、产业链供应链距离自主可控仍有提升空间。

第二,人工智能发展能够通过产业融合、上下游产业的空间关联对就业产生溢出效应,扩大就业量。人工智能发展通过提高制造业与服务业关联性的产业关联机制,以及人工智能技术与服务业深度融合的产业融合机制,产生对就业的产业溢出效应,有利于创造新的就业岗位。中心城市人工智能发展通过产业溢出效应有效促进服务业就业扩张,数量上抵消了对工业部门的就业替代效应。中心城市人工智能发展有效带动外围城市工业部门就业扩张,对人口密度较高的外围城市服务业就业存在正向影响。人工智能发展的中心城市存在工业部门劳动力不断流出、高端服务业人才不断流入的结构性就业问题,而人工智能发展的空间溢出效应是解决中心城市结构性就业问题的关键。借助空间溢出效应,现阶段人工智能发展整体上有利于提升就业总量。

第三,人工智能发展有利于提升就业质量。人工智能发展对就业环境、就业能力、就业状况、劳动关系无显著影响,对劳动者报酬、劳动保护有显著促进作用,从而整体上提高了就业质量。提升劳动者报酬、改善劳动保护状况是人工智能发展提升就业质量的重要机制。数字化治理为人工智能与就业质量带来显著正向的调节效应。人工智能发展影响就业质量的正向效应主要依赖于当地的数字化治理水平,数字化治理水平越高的地区,人工智能发展对就业质量的正向效应越大。

第四,人工智能发展在长期内能克服索洛悖论提高劳动生产率,通过提高工资水平来提升劳动收入份额。整体而言,通过提高工资水平，人工智能发展有利于提高劳动收入份额。短期内，由于存在索洛悖论，人工智能发展对整体劳动生产率无显著影响；提高工资水平是人工智能发展提升劳动收入份额的重要机制。人工智能发展推动劳动生产率提升，通过提高工资水平来提升劳动收入份额的作用效果被逐渐提升的劳动生产率抵消，导致长期内人工智能发展对劳动收入份额无显著影响。

第二节　人工智能对提高就业与劳动收入份额的政策建议

人工智能发展，促进劳动力就业、提升劳动收入份额的政策建议以理论与实证研究为基础，为深入挖掘人工智能发展潜力，释放人工智能对就业、劳动收入份额的动能作用提出以下政策建议：一是增强对人工智能发展的政策支持；二是完善人工智能发展的外部环境；三是健全创新成果转化机制；四是构建完备的人才培养、流动模式；五是完善劳动保障制度。

一　增强对人工智能发展的政策支持

第一，增强对人工智能技术创新的政策支持。人工智能发展的核心是人工智能技术的发展，中国应发挥新型举国体制优势，集中科研力量推动人工智能基础层与技术层的技术创新发展。一方面，鼓励人工智能基础理论与原创技术发展，增加基础理论研究的研发投入。注重被"卡脖子"的关键技术的科研攻关，设立相关研究的专项研究经费。另一方面，简化人工智能专利转化流程，鼓励产学研融合发展。搭建包含高校、科研院所与企业在内的人工智能成果转化服务平台，将技术供给方与需求方置于同一平台，联合进行关键核心技术的攻关，精简人工智能成果转化流程，提高专利转化率。

第二，推动人工智能产学研结合，完善人工智能创新激励体制机制。本书研究发现人工智能发展不仅不会降低劳动收入份额，还能通过提升工资水平来提高不同行业的劳动收入份额。因此，在全球人工智能飞速发展的背景下，更要继续鼓励发展人工智能产业，使之成为推动中国经济高质量发展的重要驱动力。然而，任何一项新技术从设计、研发到最终的应用推广的周期都非常漫长，并且这一新技术能否顺应时代发展要求，在投入市场前都处于未知状态。要注重人工智能基础研究，对创新科研活动给予更多的融资优惠政策或财政扶持政策，鼓励科学家将研究重点落实在人工智能产业链中上游，充分发挥中国超大规模市场优势，以市场需求倒逼技术发展，同时规范知识产权市场，推动发明专利产业化，以更加完备的创新激励制度全面推动产学研高效结合发展。

二 完善人工智能发展的外部环境

第一，提高对人工智能技术创新投融资的政策倾斜。人工智能领域的投资情况影响人工智能发展方向，中国应对人工智能技术创新的投融资要实行政策倾斜，推动人工智能基础层与技术层的发展。目前中国对人工智能企业的投融资往往关注人工智能的应用领域，并非关注人工智能技术领域。因此，应鼓励投资公司关注人工智能的技术领域，支持人工智能产业链上游、中游企业上市融资，利用资本市场解决自身融资问题。鼓励人工智能企业创新融资方式，通过股权转让、战略融资等方式获取投资，通过股权质押等方式获得商业贷款，解决处于人工智能产业链供应链基础层与技术层的企业投融资问题。

第二，继续推进人工智能发展，构建人工智能多中心发展格局。人工智能发展未对中国就业总量带来显著负向冲击，并可以通过空间溢出效应拉动外围地区就业。为充分发挥人工智能的产业溢出效应和空间溢出效应，一方面需借助中国的超大规模市场优势，增加研发投入，鼓励探索人工智能核心技术，开发人工智能新产品、新技术，促进人工智能技术设备的普及应用；另一方面，规划建设京津冀、长三角、粤港澳、成渝、关中平原、长江中游等人工智能发展中心地区，辐射带动周边地区人工智能普及应用，推动新业态、新模式发展，充分发挥人工智能发展拉动就业的空间溢出效应，提升区域就业水平。

三 健全创新成果转化机制

第一，加快推动产业智能化发展，提高劳动生产率。在短期内，人工智能发展不能显著提升劳动生产率，表明作为突破性技术创新，人工智能在实现技术应用过程中存在明显的机制障碍。因此，一方面，需要缩短技术创新相关专利特别是发明专利的申请周期，精简申请流程，为可落地的人工智能技术提供产业研发资金、政府补贴或直接融资；另一方面，人工智能相关企业在创建之初往往规模较小，但创新潜力巨大，会面临被大型互联网企业"扼杀式并购"的风险，要明确并购人工智能企业或数字经济企业的规整制度，建立公平的市场竞争环境，推动产业智能化发展，提高企业劳动生产率。

第二，继续推进人工智能发展，加速人工智能成果转化。人工智能发展并未对中国就业总量带来显著负向冲击，并可以通过促进产业结构升级产生就业创造效应，有利于实现稳就业目标。为充分发挥人工智能的就业创造效应，一方面需更加注重推进人工智能基础研究，增加研发投入，鼓励探索人工智能核心技术，探究人工智能在发展中所需的理论、方法、工具；另一方面，充分发挥中国的比较优势，以超大规模市场需求为导向，开发人工智能新产品、新技术，推动人工智能技术设备的普及应用。

四 构建完备的人才培养、流动模式

第一，完善对人工智能相关人才的培养模式。制约中国人工智能产业发展的关键因素之一就是人才短缺问题。一方面，要出台吸引全球人工智能人才的政策，吸引从事人工智能相关研究的海外专家学者、留学生回国从事相关研究。由于中国人工智能技术与世界领先水平仍存在一定的差距，关键核心技术"卡脖子"问题突出，在依靠本土学者进行技术攻关的基础上，吸引海外专家学者、留学生回国将会丰富人工智能人才的培养经验、人工智能技术的研发经验以及人工智能技术应用的实践经验。另一方面，要设立人工智能研究院，制定人工智能专业的培养方案，培养人工智能专门研究人才，通过搭建包含高校与企业的人工智能成果转化服务平台，匹配人工智能人才的需求与供给，提高人工智能专业毕业生的就业质量，从而推动人工智能技术的发展。

第二，破除劳动力流动障碍，缩短就业结构调整"阵痛期"。人工智能发展将深刻改变劳动力部门、行业和空间布局，为稳就业带来结构性失业风险。一方面，通过增加教育培训投入，提高工业部门、低端行业劳动力对人工智能的应用程度，使劳动力及时满足新岗位的技术知识要求；另一方面，减少劳动力跨区域流动阻力。在人工智能快速发展普及的背景下，劳动力可能进行跨地区流动。通过完善高铁、高速公路等交通网络，降低流入地户籍、医疗、子女受教育门槛，促进劳动力与就业岗位匹配，实现劳动力资源的最优配置。

五 完善劳动保障制度

第一，建立工资增长的长效机制，提高劳动收入份额。提升工资水平是人工智能发展提高劳动收入份额的重要机制，因此，一方面，发挥人工智能的就业创造效应，实现稳就业、保就业，建立健全在职劳动力人力资本培训和中高等院校人才培养体系，使不同技能劳动力具有自身所能达到的先进的技能水平，并使之与新技术岗位相契合，健全新业态就业人员、灵活就业人员等参加社会保险制度，发展线上就业岗位、推动线上创业等灵活多样的就业形式，创造更多就业岗位，以提高工资收入；另一方面，健全工资的合理增长和支付保障机制，保障劳动者的合法收入、同工同酬，全面落实最低工资制度等劳动保护相关制度，建立工资增长的长效机制，提高劳动收入份额。

第二，借助人工智能技术完善社会保障制度，改善劳动保护状况。人工智能发展有利于改善劳动保护状况，从而提高就业质量。因此，可通过借助人工智能技术，将企业、医院、养老院等机构的劳动力资料数字化，打造公共服务数字化台账，推进政府运行方式、业务办理和服务模式的数字化、智能化，从而进一步完善社会保障制度，改善劳动保护状况。

第三节 有待进一步研究的问题

本书探讨了人工智能对就业与收入分配的影响效应，提出了人工智能发展和劳动收入份额提升融合的路径与对策，得到一些有益结论，但仍有不足与不全面之处，可在未来研究中继续探讨，主要包括以下几个方面。

第一，人工智能测度的更新。本书分别利用 IFR 公布的工业机器人使用数量、人工智能专利数量、机器学习与深度学习专利数量 3 个维度对人工智能进行测度。但随着人工智能的飞速发展，技术的更新换代使人工智能这一技术的内涵、外延以及特征与时俱进，因此，无论是利用专利数量还是用工业机器人数量衡量人工智能，都不足以精确体现当前或往后人工智能的发展，因此测度体系需要随技术进步更新。

第二，探讨人工智能劳动力需求与劳动力市场中劳动力匹配性问题。由于人工智能一方面能够促进新产业的产生，创造新就业岗位；另一方面推动传统产业升级，创造和替代就业岗位，因此劳动力的受教育水平、专业与创造的新岗位的匹配，不仅决定了中国未来劳动力市场就业率，更能从根本上促进人工智能在中国的全面发展。后续研究可从动态角度，考察人工智能行业劳动力的需求与目前劳动力市场中劳动力的匹配性问题。

第三，基于全球数字经济发展探讨人工智能发展对各国劳动收入份额的影响效应。目前中国和美国作为全球数字经济发展的巨头，其发展进程、模式以及影响范围并不相同。后续可基于两国对其他国家的产业溢出效应视角，探讨各国人工智能发展对劳动收入份额的直接影响、网络效应、中介效应、调节效应等，揭示人工智能的创新溢出效应的影响特征、规律及其约束机制。

参考文献

一 中文文献

蔡啸、黄旭美：《人工智能技术会抑制制造业就业吗？——理论推演与实证检验》，《商业研究》2019年第6期。

蔡跃洲、陈楠：《新技术革命下人工智能与高质量增长、高质量就业》，《数量经济技术经济研究》2019年第5期。

曹兆文：《国际劳工组织体面劳动衡量指标探要》，《人口与经济》2011年第6期。

钞小静、周文慧：《人工智能对劳动收入份额的影响研究——基于技能偏向性视角的理论阐释与实证检验》，《经济与管理研究》2021年第2期。

陈斌开、陈思宇：《流动的社会资本——传统宗族文化是否影响移民就业？》，《经济研究》2018年第3期。

陈晓东、刘洋、周柯：《数字经济提升我国产业链韧性的路径研究》，《经济体制改革》2022年第1期。

陈媛媛、张竞、周亚虹：《工业机器人与劳动力的空间配置》，《经济研究》2022年第1期。

陈宗胜、赵源：《不同技术密度部门工业智能化的就业效应——来自中国制造业的证据》，《经济学家》2021年第12期。

程承坪、彭欢：《人工智能影响就业的机理及中国对策》，《中国软科学》2018年第10期。

程虹、王华星、石大千:《使用机器人会导致企业劳动收入份额下降吗》,《中国科技论坛》2021年第2期。

程文:《人工智能、索洛悖论与高质量发展:通用目的技术扩散的视角》,《经济研究》2021年第10期。

崔彦哲、赵林丹:《基于交叉熵的无偏赋权法》,《数量经济技术经济研究》2020年第3期。

邓洲、黄娅娜:《人工智能发展的就业影响研究》,《学习与探索》2019年第7期。

董天宇、孟令星:《双循环战略提升中国人工智能产业竞争力途径》,《科学学研究》2022年第2期。

杜传忠:《我国现代化产业体系的特征及建设路径》,《人民论坛》2022年第24期。

段浩:《新冠疫情对我国产业链韧性的压力测试及应对举措》,《中国工业和信息化》2020年第3期。

樊润华:《浅析人工智能的发展对社会就业形势的影响》,《当代经济》2018年第7期。

傅晓霞、吴利学:《技术差距、创新路径与经济赶超——基于后发国家的内生技术进步模型》,《经济研究》2013年第6期。

郭朝先、方澳:《全球人工智能创新链竞争态势与中国对策》,《北京工业大学学报》(社会科学版)2022年第4期。

郭凯明:《人工智能发展、产业结构转型升级与劳动收入份额变动》,《管理世界》2019年第7期。

韩民春、韩青江、夏蕾:《工业机器人应用对制造业就业的影响——基于中国地级市数据的实证研究》,《改革》2020年第3期。

何勤等:《人工智能技术应用对就业的影响及作用机制研究——来

自制造业企业的微观证据》,《中国软科学》2020 年第 S1 期。

何勤、邱玥:《人工智能的就业效应研究:锦上添花抑或是釜底抽薪?》,《北京联合大学学报》(人文社会科学版) 2020 年第 2 期。

何勤:《人工智能与就业变革》,《中国劳动关系学院学报》2019 年第 3 期。

胡鞍钢:《中国式科技现代化:从落伍国到科技强国》,《北京工业大学学报》(社会科学版) 2023 年第 2 期。

胡雪萍、李丹青:《技术进步就业效应的区域差异研究——基于中国东、中、西部地区的比较分析》,《上海经济研究》2015 年第 8 期。

黄群慧:《中国共产党领导社会主义工业化建设及其历史经验》,《中国社会科学》2021 年第 7 期。

黄泰岩、韩梦茹:《共同富裕的中国式现代化目标、重点和途径》,《经济理论与经济管理》2023 年第 4 期。

黄先海、徐圣:《中国劳动收入比重下降成因分析——基于劳动节约型技术进步的视角》,《经济研究》2009 年第 7 期。

惠宁、刘鑫鑫、马微:《互联网发展与我国区域创新能力的提升——基于互联网资源量与普及度双重视角的分析》,《陕西师范大学学报》(哲学社会科学版) 2020 年第 6 期。

惠树鹏、朱晶莹:《工业智能化影响劳动力就业结构的门槛分析》,《产经评论》2021 年第 3 期。

惠炜、姜伟:《人工智能、劳动力就业与收入分配:回顾与展望》,《北京工业大学学报》(社会科学版) 2020 年第 5 期。

惠炜:《人工智能与劳动收入份额——来自中国城市数据的经验证据》,《北京工业大学学报》(社会科学版) 2022 年第 6 期。

惠炜、姜伟:《数字化治理视角下人工智能对就业质量的影响》,《北京工业大学学报》(社会科学版) 2023 年第 5 期。

纪玉俊、韦晨怡：《数字经济对我国服务业集聚空间格局的重塑——基于区域与行业异质性的分析》，《西安交通大学学报》（社会科学版）2023 年第 1 期。

江永红、张本秀：《人工智能影响收入分配的机制与对策研究》，《人文杂志》2021 年第 7 期。

姜伟：《最低工资制度能提高民营企业劳动收入占比吗》，《经济理论与经济管理》2019 年第 11 期。

姜伟、李萍：《人工智能与全要素生产率："技术红利"还是"技术鸿沟"》，《统计与信息论坛》2022 年第 5 期。

姜伟、惠炜：《人工智能的就业效应再评估——基于产业溢出与空间溢出的视角》，《经济问题探索》2022 年第 12 期。

蒋南平、邹宇：《人工智能与中国劳动力供给侧结构性改革》，《四川大学学报》（哲学社会科学版）2018 年第 1 期。

金陈飞等：《人工智能提升企业劳动收入份额了吗》，《科学学研究》2020 年第 1 期。

孔高文、刘莎莎、孔东民：《机器人与就业——基于行业与地区异质性的探索性分析》，《中国工业经济》2020 年第 8 期。

赖德胜等：《中国各地区就业质量测算与评价》，《经济理论与经济管理》2011 年第 11 期。

李磊、何艳辉：《人工智能与就业——以中国为例》，《贵州大学学报》（社会科学版）2019 年第 5 期。

李磊、王小霞、包群：《机器人的就业效应：机制与中国经验》，《管理世界》2021 年第 9 期。

李平、付一夫、张艳芳：《生产性服务业能成为中国经济高质量增长新动能吗》，《中国工业经济》2017 年第 12 期。

李文、许艳丽：《工作世界的变革与"智能+职业教育"的应对》，《高等工程教育研究》2021 年第 2 期。

刘刚、刘晨：《智能经济发展中的"极化"效应和机制研究》，《南开学报》（哲学社会科学版）2020年第6期。

刘国晖、张如庆、陈清萍：《有偏技术进步抑制中国劳动就业了吗?》，《经济问题》2016年第9期。

刘书祥、曾国彪：《技术进步对中国就业影响的实证分析：1978—2006》，《经济学家》2010年第4期。

刘素华：《就业质量：概念、内容及其对就业数量的影响》，《人口与计划生育》2005年第7期。

刘晓莉、许艳丽：《技能偏好型技术进步视阈下人工智能对技能人才就业的影响》，《中国职业技术教育》2018年第15期。

刘旭雯：《人工智能视域下的分工与人的全面发展——对马克思分工理论的思考》，《社会主义研究》2019年第4期。

芦婷婷、祝志勇、刘畅畅：《人工智能、人口结构转型与劳动收入份额变化》，《广东财经大学学报》2022年第4期。

[美]罗伯特·戈登：《美国增长的起落》，张林山等译，中信出版社2018年版。

罗昌智主编：《两岸创意经济研究报告（2018）》，社会科学文献出版社2018年版。

罗军、陈建国：《中间产品贸易、技术进步与制造业劳动力就业》，《亚太经济》2014年第6期。

毛其淋、王玥清：《出口模式转变与企业就业变动：来自中国制造业的微观证据》，《世界经济研究》2023年第1期。

毛宇飞、胡文馨：《人工智能应用对人力资源从业者就业质量的影响》，《经济管理》2020年第11期。

孟园园、陈进：《经济不平衡条件约束下，人工智能对就业影响效应研究——以经济发展水平为调节变量》，《中国劳动》2019年第9期。

牛丽娟:《数字金融与经济高质量发展:理论分析与实证检验》,《西南民族大学学报》(人文社会科学版)2023年第1期。

潘文轩:《人工智能技术发展对就业的多重影响及应对措施》,《湖湘论坛》2018年第4期。

彭绪庶、齐建国:《对美国技术进步与就业关系的研究》,《数量经济技术经济研究》2002年第11期。

彭莹莹、汪昕宇:《人工智能技术对制造业就业的影响效应分析——基于中国广东省制造企业用工总量与结构的调查》,《北京工业大学学报》(社会科学版)2020年第5期。

戚聿东、刘翠花、丁述磊:《数字经济发展、就业结构优化与就业质量提升》,《经济学动态》2020年第11期。

覃成林、杨霞:《先富地区带动了其他地区共同富裕吗——基于空间外溢效应的分析》,《中国工业经济》2017年第10期。

屈小博:《机器人和人工智能对就业的影响及趋势》,《劳动经济研究》2019年第5期。

申广军、刘超:《信息技术的分配效应——论"互联网+"对劳动收入份额的影响》,《经济理论与经济管理》2018年第1期。

师博:《人工智能促进新时代中国经济结构转型升级的路径选择》,《西北大学学报》(哲学社会科学版)2019年第5期。

苏丽锋、陈建伟:《我国新时期个人就业质量影响因素研究——基于调查数据的实证分析》,《人口与经济》2015年第4期。

苏丽锋:《我国新时期个人就业质量研究——基于调查数据的比较分析》,《经济学家》2013年第7期。

孙早、侯玉琳:《工业智能化如何重塑劳动力就业结构》,《中国工业经济》2019年第5期。

孙早、韩颖:《人工智能会加剧性别工资差距吗?——基于我国工业部门的经验研究》,《统计研究》2022年第3期。

唐国华：《技术创新对我国就业影响的实证分析：1991～2007》，《人口与经济》2011 年第 3 期。

唐晓华、张欣珏、李阳：《中国制造业与生产性服务业动态协调发展实证研究》，《经济研究》2018 年第 3 期。

《推动我国新一代人工智能健康发展》，《紫光阁》2018 年第 12 期。

万昆：《人工智能技术带来的就业风险及教育因应》，《广西社会科学》2019 年第 6 期。

汪昕宇等：《人工智能技术对就业的影响及趋势预测：基于北京市工业机器人安装量的数据》，《中国人力资源开发》2022 年第 1 期。

王佰川、杜创：《人工智能技术创新扩散的特征、影响因素及政府作用研究——基于 A 股上市公司数据》，《北京工业大学学报》（社会科学版）2022 年第 3 期。

王静：《价格扭曲、技术进步偏向与就业——来自第三产业分行业的经验研究》，《产业经济研究》2016 年第 3 期。

王军、常红：《人工智能对劳动力市场影响研究进展》，《经济学动态》2021 年第 8 期。

王君等：《人工智能等新技术进步影响就业的机理与对策》，《宏观经济研究》2017 年第 10 期。

王林辉、胡晟明、董直庆：《人工智能技术会诱致劳动收入不平等吗——模型推演与分类评估》，《中国工业经济》2020 年第 4 期。

王琦、李晓宇：《人工智能对北京市就业的影响及应对》，《中国劳动关系学院学报》2019 年第 3 期。

王贤彬、刘淑琳、黄亮雄：《金融杠杆如何影响城市经济增长——新的计量证据与机制识别》，《财贸经济》2021 年第 11 期。

王小广：《以新领域新赛道塑造发展新动能新优势》，《中国党政干部论坛》2023 年第 6 期。

王永钦、董雯：《机器人的兴起如何影响中国劳动力市场？——来自制造业上市公司的证据》，《经济研究》2020 年第 10 期。

王永钦、董雯：《人机之间：机器人兴起对中国劳动者收入的影响》，《世界经济》2023 年第 7 期。

魏建、徐恺岳：《人工智能技术发展对城乡收入差距的影响》，《浙江工商大学学报》2021 年第 4 期。

吴清军等：《人工智能是否会带来大规模失业？——基于电商平台人工智能技术、经济效益与就业的测算》，《山东社会科学》2019 年第 3 期。

谢伏瞻：《论新工业革命加速拓展与全球治理变革方向》，《经济研究》2019 年第 7 期。

谢璐、韩文龙、陈翥：《人工智能对就业的多重效应及影响》，《当代经济研究》2019 年第 9 期。

谢萌萌等：《人工智能、技术进步与低技能就业——基于中国制造业企业的实证研究》，《中国管理科学》2020 年第 12 期。

宣烨、陆静、余泳泽：《高铁开通对高端服务业空间集聚的影响》，《财贸经济》2019 年第 9 期。

闫雪凌、朱博楷、马超：《工业机器人使用与制造业就业：来自中国的证据》，《统计研究》2020 年第 1 期。

杨光、侯钰：《工业机器人的使用、技术升级与经济增长》，《中国工业经济》2020 年第 10 期。

杨河清、李佳：《大学毕业生就业质量评价指标体系的建立与应用》，《中国人才》2007 年第 15 期。

杨恺钧、潘娟、王舒：《金融发展、技术进步与区域内就业结构变迁——基于我国东部地区省级面板数据的实证研究》，《经济经纬》2015 年第 1 期。

杨蕙馨、李春梅：《中国信息产业技术进步对劳动力就业及工资差距的影响》，《中国工业经济》2013 年第 1 期。

姚洪心、陈慧敏、金钰：《自贸区特色发展助推"双循环"新发展格局构建研究》，《商业经济研究》2022 年第 13 期。

姚战琪、夏杰长：《资本深化、技术进步对中国就业效应的经验分析》，《世界经济》2005 年第 1 期。

叶仁荪、王光栋、王雷：《技术进步的就业效应与技术进步路线的选择——基于 1990~2005 年中国省际面板数据的分析》，《数量经济技术经济研究》2008 年第 3 期。

尹振宇、吴传琦：《人工智能的就业效应及其中国启示》，《改革与战略》2019 年第 2 期。

尹志锋等：《基于专利数据的人工智能就业效应研究——来自中关村企业的微观证据》，《中国工业经济》2023 年第 5 期。

余玲铮、魏下海、吴春秀：《机器人对劳动收入份额的影响研究——来自企业调查的微观证据》，《中国人口科学》2019 年第 4 期。

余泳泽、潘妍：《中国经济高速增长与服务业结构升级滞后并存之谜——基于地方经济增长目标约束视角的解释》，《经济研究》2019 年第 3 期。

余玉刚等：《管理科学与工程学科"十四五"重点前沿领域的顶层布局与具体内容：面向基础科学理论与国家重大需求》，《中国管理科学》2022 年第 5 期。

张抗私、史策：《高等教育、个人能力与就业质量》，《中国人口科学》2020 年第 4 期。

张可：《经济集聚与区域创新的交互影响及空间溢出》，《金融研究》2019 年第 5 期。

张其仔：《提升产业链供应链现代化水平要精准施策》，《经济日报》2021 年 1 月 21 日。

张其仔主编：《中国产业竞争力报告（2022~2023）No. 11——提

升产业链供应链韧性和安全水平》，社会科学文献出版社 2022 年版。

张肃、许慧、黄蕊:《我国人工智能产业发展问题研究》,《长春理工大学学报》(社会科学版) 2018 年第 5 期。

张学英:《人工智能下的劳动就业迭代及人力资本投资》,《河北师范大学学报》(教育科学版) 2019 年第 3 期。

赵星、李若彤、贺慧圆:《数字技术可以促进创新效率提升吗?》,《科学学研究》 2023 年第 4 期。

中国社会科学院工业经济研究所课题组、曲永义:《产业链链长的理论内涵及其功能实现》,《中国工业经济》 2022 年第 7 期。

钟粤俊、陆铭、奚锡灿:《集聚与服务业发展——基于人口空间分布的视角》,《管理世界》 2020 年第 11 期。

朱轶、熊思敏:《技术进步、产业结构变动对我国就业效应的经验研究》,《数量经济技术经济研究》 2009 年第 5 期。

二 外文文献

Ajay Agrawal, J. S. Gans, A. Goldfarb, "Artificial Intelligence: The Ambiguous Labor Market Impact of Automating Prediction", *Journal of Economic Perspectives*, Vol. 33, No. 2, 2019.

Ajay Agrawal, J. S. Gans, A. Goldfarb, "Economic Policy for Artificial Intelligence", *Innovation Policy and the Economy*, No. 19, 2019.

Andrew Berg, E. F. Buffie and L. F. Zanna, "Robots, Growth, and Inequality", *Finance and Development*, Vol. 53, No. 3, 2016.

Ann Bartel, C. Ichniowski and K. Shaw, "How Does Information Technology Affect Productivity? Plant-Level Comparisons of Product Innovation, Process Improvement, and Worker Skills", *Quarterly Journal of Economics*, Vol. 122, No. 4, 2007.

Berman E, J. Bound, S. Machin, "Implications of Skill-Biased Technological Change: International Evidence", *Quarterly Journal of Economics*, Vol. 113, No. 4, 1998.

Bruce Weinberg, "Computer Use and the Demand for Female Workers", *Industrial and Labor Relations Review*, Vol. 53, No. 2, 2000.

Carl Frey and Michael Osborne, "The Future of Employment: How Susceptible Are Jobs to Computerisation?", *Technological Forecasting and Social Change*, Vol. 114, 2017.

Cheng Hong et al., "The Rise of Robots in China", *Journal of Economic Perspectives*, No. 19, 2019.

Clas Eriksson, "Is There a Trade-off between Employment and Growth?", *Oxford Economic Papers*, Vol. 49, No. 1, 1997.

Dale Jorgenson, "Information Technology and the U.S. Economy", *American Economy Review*, Vol. 90, No. 1, 2001.

Daron Acemoglu, "Technical Change, Inequality, and the Labor Market", *Journal of Economic Literature*, Vol. 40, No. 1, 2002.

Daron Acemoglu and P. Restrepo, "The Race between Man and Machine: Implications of Technology for Growth, Factor Shares, and Employment", *American Economic Review*, Vol. 108, No. 6, 2018.

Daron Acemoglu and P. Restrepo, "Low-Skill and High-Skill Automation", *Journal of Human Capital*, Vol. 12, No. 2, 2018.

Daron Acemoglu and P. Restrepo, "Artificial Intelligence, Automation and Work", in Ajay Agrawal, Joshua Gans and Avi Goldfarb eds., *The Economics of Artificial Intelligence*, The University of Chicago Press, 2019a.

Daron Acemoglu and P. Restrepo, "Robots and Jobs: Evidence from US Labor Markets", *Journal of Political Economy*, Vol. 128, No. 6, 2020.

Daron Acemoglu and P. Restrepo, "Demographics and Automation", *Review of Economic Studies*, Vol. 89, No. 1, 2021.

David Autor, A. Krueger, L. Katz, "Computing Inequality: Have Computers Changed the Labor Market?", *Quarterly Journal of Economics*, Vol. 113, No. 4, 1998.

David Autor, F. Levy, R. Murnane, "The Skill Content of Recent Technological Change: An Empirical Exploration", *Quarterly Journal of Economics*, Vol. 118, No. 4, 2003.

David Autor, L. Katz, M. Kearney, "The Polarization of the U. S. Labor Market", *American Economic Review*, Vol. 96, No. 2, 2006.

David Autor and D. Dorn, "The Growth of Low-Skill Service Jobs and the Polarization of the US Labor Market", *American Economic Review*, Vol. 103, No. 5, 2013.

David Autor, "Why Are There Still So Many Jobs? The History and Future of Workplace Automation", *Journal of Economic Perspectives*, Vol. 29, No. 3, 2015.

David Hemous and M. Olsen, "The Rise of the Machines: Automation, Horizontal Innovation and Income Inequality", *Ameriacn Economic Journal: Macroeco-Nomics*, Vol. 14, No. 1, 2022.

David Holford, "The Future of Human Creative Knowledge Work within the Digital Economy", *Futures*, Vol. 105, 2018.

Davoine Lucie, E. Christine, G. L. Mathilde, "Monitoring Quality in Work: European Employment Strategy Indicators and Beyond", *International Labor Review*, Vol. 147, No. 4, 2008.

Sacristán Díaz and Quirós Tomás, "Technological Innovation and Employment: Data from a Decade in Spain", *International Journal of Production Economics*, Vol. 75, No. 3, 2002.

Elena Ketteni, "Information Technology and Economic Performance in U. S. Industries", *The Canadian Journal of Economics*, Vol. 42, No. 3, 2009.

Eli Berman, J. Bound, Z. Griliches, "Changes in the Demand for Skilled Labor within U. S. Manufacturing: Evidence from the Annual Survey of Manufactures", *Quarterly Journal of Economics*, Vol. 109, No. 2, 1994.

Erik Brynjolfsson, A. Mcafee and M. Spance, "New World Order: Labor, Capital, and Ideas in the Power Law Economy", *Foreign Affairs*, Vol. 93, No. 4, 2014.

Francesco Bogliacino, "Innovation and Employment: A Firm Level Analysis with European R&D Scoreboard Data", *EconomiA*, Vol. 15, No. 2, 2014.

Georg Graetz and Guy Michaels, "Robots at Work", *Review of Economics and Statistics*, Vol. 100, No. 5, 2018.

Guy Michaels, A. Natraj and V. Reenen, "Has ICT Polarized Skill Demand? Evidence from Eleven Countries over Twenty-five Years", *Review of Economics and Statistics*, Vol. 96, No. 1, 2014.

James Bessen, "Automation and Jobs: When Technology Boosts Employment", *Economic Policy*, Vol. 34, No. 100, 2019.

Jason Furman and R. Seamans, "AI and the Economy", *Innovation Policy and the Economy*, Vol. 19, No. 1, 2019.

Jeff Borland and M. Coelli, "Are Robots Taking Our Jobs?", *Australian Economic Review*, Vol. 50, No. 4, 2017.

Joseph Zeira, "Workers, Machines and Economic Growth", *Quarterly Journal of Economics*, Vol. 113, No. 4, 1998.

Loukas Karabarbounis and B. Neiman, "The Global Decline of the Labor

Share", *Quarterly Journal of Economics*, Vol. 129, No. 1, 2014.

Maarten Goos and A. Manning, "Lousy and Lovely Jobs: The Rising Polarization of Work in Britain", *Review of Economics and Statistics*, Vol. 89, No. 1, 2007.

Maarten Goos, Alan Manning and Anna Salomons, "Explaining Jobs Polarization: Routine-Biased Technological Change and Offshoring", *American Economic Review*, Vol. 104, No. 8, 2014.

Michael Chui, J. Manyika and M. Miremadi, "Where Machines Could Replace Humans and Where They Can't (Yet)", *McKinsey Quarterly*, Vol. 30, No. 2, 2016.

Rafael M. Llorente and E. F. Macías, "Job Satisfaction As an Indicator of the Quality of Work", *Journal of Socio-Economics*, Vol. 34, No. 5, 2005.

Richard Anker, I. Chernyshev, P. Egger eds, "Measuring Decent Work with Statistical Indicators", *International Labour Review*, Vol. 142, No. 2, 2003.

Samuel Bentolila and G. Saint-Paul, "Explaining Movements in the Labor Share", *Journal of Macroeconomics*, Vol. 3, No. 1, 2003.

Sendhil Mullainathan and J. Spiess, "Machine Learning: An Applied Econometric Approach", *Journal of Economic Perspectives*, Vol. 31, No. 3, 2017.

Stefania Albanesi, C. Olivetti, "Home Production, Market Production and the Gender Wage Gap: Incentives and Expectations", *Review of Economic Dynamics*, Vol. 12, No. 1, 2009.

Stephen Decanio, "Robots and Humans-Complements or Substitutes?", *Journal of Macroeconomics*, Vol. 49, No. 6, 2016.

Takuji Fueki and T. Kawamoto, "Does Information Technology Raise

Japan's Productivity?", *Japan and the World Economy*, Vol. 21, No. 4, 2009.

Terry Gregory, Anna Salomons, Ulrich Zierahn-Weilage, "Racing with or against the Machine? Evidence from Europe", *Journal of the European Economic Association*, Vol. 20, No. 2, 2022.

Tom Mitchell and E. Brynjolfsson, "Track How Technology Is Transforming Work", *Nature*, Vol. 544, No. 7650, 2017.

A. M. Turing, "Computing Machinery and Intelligence", *Mind*, Vol. 59, No. 236, 1950.

Vanessa Katz, "Regulating the Sharing Economy", *Berkeley Technology Law Journal*, Vol. 30, No. 6, 2015.

后　　记

本书是在国家社会科学基金项目"人工智能对就业和收入分配的影响研究"（项目批准号：18CJY010）结项报告基础上扩展完成的，是对我已有研究的小结。

我于 2017 年从中国人民大学博士毕业，"人工智能对就业和收入分配的影响研究"是我进入工作阶段获批的第一个国家级课题，课题的立项使我对自己未来的科研之路充满了信心。技术进步与就业、劳动收入份额之间的关系是一个常谈常新的话题，人工智能作为新兴技术，如何影响就业进而影响收入分配迅速成为学术界讨论的热点问题。由于当时对如何衡量人工智能发展现状尚无共识，我利用人工智能相关专利数据进行的实证分析在研究初期遇到了频被拒稿的困难。2020 年，我进入中国社会科学院工业经济研究所工作，单位的研究领域与我的课题更为契合，我对课题的研究也更为顺畅。最终课题于 2023 年顺利结项，我以此结项报告申请中国社会科学院创新工程出版资助，于 2024 年获批，得到中国社会科学出版社的支持，将此书出版。未来，希望自己保持学术热情，stay hungry, stay foolish，努力奋进，砥砺前行。

感谢支持我科研工作的每一位老师，感谢编辑老师的悉心指导，感谢每一位从事相关领域研究的专家学者，希望未来的我以及我们众多青年学者能站在巨人的肩膀上，站得更高，看得更远。

最后，感谢我的家人，尤其是带给我无限感动的女儿。

惠炜
2024 年 12 月于北京家中